O olhar dos outros

(contos brasilienses)

LOURENÇO DUTRA

O olhar dos outros

(contos brasilienses)

Copyright © Lourenço Dutra – 2007

LGE Editora Ltda.
SIA Trecho 03 Lote 1.760 – Parte A
Tel.: (61) 3362-0008 – Fax: (61) 3233-3771
lgeeditora@lgeeditora.com.br
www.lgeeditora.com.br

Editor
Antônio Carlos Navarro

Revisão
Lizete Abrahão

Projeto gráfico e capa
Edson Fogaça

Impressão e acabamento
LGE Editora Ltda.

Todos os direitos reservados. Nenhuma parte desta publicação pode ser fotocopiada, gravada, reproduzida ou armazenada num sistema de recuperação ou transmitida sob qualquer forma ou por qualquer meio eletrônico ou mecânico sem autorização por escrito do autor.

Dados Internacionais de Catalogação na Publicação (CIP)

Dutra, Lourenço
   O olhar dos outros (Contos Brasilienses) / Lourenço Dutra. — Brasília : LGE Editora, 2007.

144 p.

ISBN 978-85-7238-287-8

1. Literatura Brasileira. 2. Contos. I. Título.

CDU 82-34

Dedicado a quem sempre me ajudou:
Cacilda Fernandes Habckost (minha mãe!);
à revisora amiga, Lizete Abrahão;
ao eterno, criativo e de longa data amigo, Edson Fogaça
e ao poeta mineiro Wilson Pereira,
pela leitura atenta.

SUMÁRIO

Prefácio ~ 9

O reencontro ~ 13

Ficar por ficar ~ 19

O olhar dos outros ~ 27

Zumbi é macho ~ 37

Sensações de um encontro casual ~ 41

Portais ~ 51

Pólvora e chocolate ~ 57

Não adianta balançar; a última gota sempre cai na cueca ~ 63

Meu tio é um bebum ~ 69

Ponte dos remédios ~ 77

Macabéo ~ 83

Lavação de roupa suja eletrônica ~ 89

Glicose e inspiração ~ 107

Diário de um roqueiro saudosista ~ 111

Comprando cigarros na cidade sem esquinas ~ 117

Balada para Roger Waters ~ 123

Amor transgênico ~ 133

Gerações ~ 137

PREFÁCIO

Pode-se dizer que o prefácio é uma janela aberta, descortinada, com vista para um panorama que deverá despertar a atenção do leitor e criar, nele, expectativas que o motivem a seguir adiante.

Muitos esperam ver, por essa janela, uma análise crítica ou mesmo um resumo do que está por vir, mas vou deixar, ao leitor, o prazer de extrair, desse encontro mágico, todas as emoções a que tem direito, pois não me cabe fazer antecipações nem influir, de alguma maneira, em sua apreciação, subtraindo-lhe uma prerrogativa que é apenas sua. Limitar-me-ei, apenas, a tecer alguns comentários, no sentido de expressar a minha visão quanto ao ato criador do autor e às emoções em mim despertadas pela leitura, sem outra intenção que não a de exercer a função de uma humilde leitora. Mesmo porque eu não me concedo a competência de me nomear analista ou crítica literária, pois, para se fazerem comparações e associações e formar conceitos definitivos sobre esta obra, seria necessário que a estudasse, isoladamente, e depois, comparativamente, buscando os dados necessários, para que eu pudesse fazer uma análise profunda e, só então, formular uma opinião crítica justa.

Sendo assim, o que posso dizer sobre *O olhar dos outros* não parte de nenhuma análise literária, senão apenas das sensações nascidas da sua leitura.

Em relação ao ato criador, percebo, nestes contos, fatores primordiais, como motivação e estímulo, por exemplo. Decerto, esses fatores são indispensáveis para que alguém se disponha a escrever com clareza, coerência e emoção. Lourenço Dutra possui essa atitude, essa forma espontânea de provocar sentimentos, no leitor, de tornar fascinante a realidade e suas inversões. Em cada palavra, vê-se a força que move o autor, salta aos olhos a originalidade da construção de cada frase e a criatividade com que se sucedem os seus pensamentos e a forma com que esses pensamentos são escritos.

Posso dizer, seguramente, que Lourenço tem vocação para a escrita, distinguindo-se pela originalidade que o faz compor e cantar a sua própria melodia. Surpreende com o desfile de seus textos, cuja riqueza está na simplicidade da linguagem, o que não o impede de se enredar nos complexos recônditos do comportamento humano e de tecer um pano de fundo sobre o efêmero da vida, contrapondo-o com a perenidade dos valores que impregnam seus personagens.

Sensível, o drama existencial habita sua temática, quando materializa comportamentos e estados de alma, de onde a subjetividade emana, sutilmente. De forma, às vezes romântica, às vezes realista, mas acentuadamente moderna, Lourenço deixa entrever as torrentes de coisas novas, de idéias, de sentimentos e interesses que o fascinam e que o influenciaram, o que confere, à sua criação, um tom de autenticidade fascinante.

Ao manifestar emoções, por meio de um estilo despojado, ao omitir certos elementos sintáticos, ao criar vida, através de imagens dinamizadas, o autor consegue passar, ao leitor, a instabilidade do ser e do mundo e a sua preocupação com as carências psíquicas e materiais do homem, levantando a cortina que encobre conceitos estabelecidos. E, assim, sem fazer uso de mecanismos clássicos e tradicionais, trata das coisas humanas, complexas, reais e ficcionais, esculpindo-as em seus contos.

O que se nos apresenta é, pois, um livro que projeta o leitor para dentro de um mundo repleto de imagens, que persistem em nós, como a consciência da realidade que nos cerca e os sentimentos que nos movem, na interação com essa realidade.

Espero ter aberto não uma janela, mas uma porta para um universo rico de sensibilidades, cujos caminhos são histórias preciosas, à espera de quem queira por elas viajar.

Lizete Abrahão

O reencontro

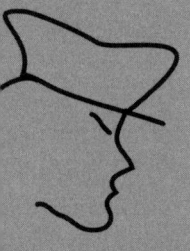
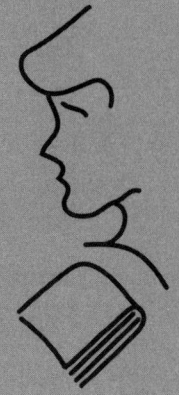

Fila para pagar as compras no caixa. Sentiu um cutucão nas costas. Forte, incisivo, repetitivo. Virou-se, assimilou quem era, e as pernas bambearam.

Era o Pereira.

— E aí, lembra-se de mim?

Ficou pálido. As mãos suando, uma moleza perto do desmaio.

Repetiu:

— O senhor se lembra de mim? Saudades do pau-de-arara, do telefone, dos banhos frios?

Ia pegar o café solúvel, preso no vidro escuro, mas não teve forças.

— E o senhor, ainda lecionando? Fiquei sabendo que a disciplina de Filosofia voltou para a grade curricular do ensino médio. Se não me engano, o senhor tinha predileção pelos existencialistas. Jean Paul Sartre – O muro, A náusea ... Não é mesmo? Pereira empurrou mais o seu carrinho para perto do dele. A custo, o professor conseguiu estender o café solúvel para a caixa e foi passando as bisnagas de patê, o vidro de requeijão, as caixas de leite...

— O senhor ainda leciona?

Pereira coçava o saco por fora da calça. Ele tinha essa mania.

— Estou aposentado!

Pereira riu-se.

— Então, virou um dos vagabundos do Fernando Henrique Cardoso? Já era tempo. Nós nos conhecemos em mil novecentos e setenta e três, época do Milagre Econômico, de Don e Ravel, de "Brasil, ame-o ou deixe-o!". O senhor se lembra?

Nauseado, o professor balbuciou:

— Sim, e como!

Pereira se divertia.

— Pois é, lá se foram mais de trinta anos. Entramos em um novo século, novo milênio. O senhor se apercebe? E os amigos da esquerda, não os tem visto? Vocês eram engraçados: "hay de endurecerse", mas, na hora do vamos ver, se borravam todos. Amoleciam iguais ao Che, metralhado na Bolívia. Está certo que, depois, ele ficou durinho, durinho — e gargalhou.

A última compra foi passada, e a moça do caixa pediu seu cartão.

— Débito ou crédito?

— Débito!

Passou o cartão eletrônico, devagar. Senha digitada, leitura feita, pequeno papel impresso.

— Pronto, sua nota fiscal.

A moça ajudou-o a ensacar as mercadorias, uma a uma. Ela percebeu o incômodo que um cliente causava ao outro, mas não conseguiu precisar por quê.

Tudo pago, ele virou-se e saiu.

Pereira largou seu carrinho, suas compras e foi ladeando, atormentando-o, prazeroso.

— Professor, que modos são esses? Isto lá é forma de tratar um velho amigo?

O seguido parou o carrinho e virou-se, lentamente.

— Você está sendo desagradável — falou, corajosamente, com voz empostada, enquanto ajeitava o saco de ovos.

— Que é isso professor? Que falta de fair play. Olha só que ironia, o meu filho está terminando o ensino médio e está estudando Filosofia. Veja só, está adorando! Outro dia, li o programa. Entre os objetivos da disciplina, lá estavam: "Despertar a consciência crítica, abrir novos horizontes, novas perspectivas que levem à formação de um cidadão crítico e participativo" Que bonito, hein, professor? Não é bonito?

Enquanto falava, estampava, no rosto, o cinismo decorado por um par de sobrancelhas grossas e arqueadas, os dentes da frente muito grandes e separados, os cabelos escorridos e oleosos, refletindo um tom grisalho encardido.

O professor, impaciente, coçava a perna esquerda.

— O que você quer de mim?

— Quem? Eu? Nada! Nada não, professor! Apenas quis ser amistoso. O senhor sabe que exerço funções burocráticas no exército. Pois é, estou quase na reserva. Eles desativaram tudo, depois dessas frescuradas de direitos humanos, dessa bandalheira de Anistia Internacional. Durante o governo Sarney, nós ainda fizemos um ou outro servicinho particular com traficantes, ladrões de carro, feirantes que cobravam propina de colegas, mas tudo isso desvinculado do exército. Nossos oficiais descobriram alguns, e nem sei como conseguimos nos safar. Ficou um negócio de boca. Não abriram inquérito, não investigaram nada, não houve punição. A pastoral já estava na nossa cola e sabe como é que é... Com igreja, santo e padre não se mexe. Esse povo de batina coloca a boca no trombone, mesmo. A não ser que seja algo revelado ou descoberto em confissão. Só assim se calam!

— Pois bem.

O professor retoma seu caminho. A moça do caixa chama, de longe, o Pereira:

— O senhor não vai passar as compras?

Ele se vira, contrariado.

— Depois, minha filha, depois... Vai passando outro, enquanto isso. Estou ocupado, falando com um velho amigo!

O professor segue empurrando o carrinho repleto de compras. Prostrado, incrédulo. O outro saltita atrás.

— Professor de Filosofia e História é tudo a mesma coisa! "Despertar a consciência crítica, tornar-se cidadão participativo e questionador". A maioria dos professores subversivos era da área de História e Filosofia. Poucos de Português e Geografia! O senhor sabe que de Matemática nunca me enviaram nenhum. Pensamento cartesiano, lógico, sem essas viadagens de ficar elocubrando sobre a existência humana. Por que isso, hein, professor?

— Leitura demais! Defesa do humano. Direitos básicos!

Segue empurrando o carrinho, sem olhar para os lados. Atravessa a porta automática de vai-e-vem. Ganha o estacionamento e continua sendo seguido.

— Direitos humanos... Que direitos humanos, professor? Um bando de baderneiros-terroristas-e-fumadores-de-maconha, isso, sim! Não podemos mais nem triscar um dedinho nesses estudantes. Antes, não! E o senhor? Por que não voltou a lecionar? Com essa democracia, essa liberdade toda.

Uma voz afetada revelava o deboche no timbre falsete.

Pára o carrinho, aperta o dispositivo de alarme, preso ao chaveiro. As portas do veículo destravam.

— Cansei de dar aulas, quero sossego!

— Parece até música do Tim Maia: "Só quero sossego" — cantarolando um pedacinho. Mas, professor, que carrinho bonito. É importado, é?

O professor abriu o porta-malas e começou a acomodar as compras.

— É francês!

— Francês, é? Que carrinho mais bonito. Utilitário. Para família. Por falar nisso, o senhor se casou?

— Casei! Tenho um casal de filhos.

Terminou de ajeitar as compras.

— Professor, parabéns! Um casal...

Voltou a coçar o saco, mais intensamente.

Fechou o porta-malas, deu a volta e abriu a porta do lado do motorista. Sentou-se em frente ao volante, enfiou a chave na ignição. Pelo retrovisor, avistou o homem, logo atrás do carro. Rodou a chave e deu a partida. O seu passado insistia em persegui-lo, e ele, em deixá-lo para trás.

Ficar por ficar

Brasília, 12 de fevereiro de 2006

Meu querido diário. Ontem, na festa da Amanda, fiquei com cinco garotos.

O primeiro se chamava Joel e tinha um beijo maravilhoso, o segundo, Paulo Henrique, e beijava mais ou menos. Era meio nervoso com a língua, o que me irritou um pouco. Do terceiro, nem me lembro do nome. Só lembro que beijava muito mal, além de ter um bafo desgraçado de ruim. Depois, tive de enfiar uma pastilha de menta extra-forte, na boca, para ver se aliviava um pouco o gosto de carniça.

O quarto beijava muito bem e veio com aquela mão boba apertar meus peitinhos e eu meio safada que sou, deixei. Tirou um sarro e se esfregou tanto em mim, a um canto da sala, que acabou gozando. Molhou a calça toda e para não dar muita bandeira teve de ir embora. Não me recordo muito bem do nome dele, mas, se não me falha a memória, era Marcos Paulo

Bem... Finalmente, o quinto. O quinto era um tremendo de um gato. Apesar das luzes estarem no mínimo e das várias caipiroscas que havia tomado, consegui perceber que tinha olhos verdes e um rosto um pouco parecido com o do Tom Cruise. Tom Cruise é o galã de Hollywood que mais gosto. Não sou muito fã do Brad Pitt e nem dos coroas charmosos tipo George Clooney e Antônio Banderas (apesar de reconhecer que são realmente charmosos), agora, do Tom, eu gosto.

Pediu-me, e acabei dando o número do meu telefone para ele. Que ainda não usou. Mas, também, a festa foi ontem e temos todo o tempo do mundo pela frente, para conversarmos no aparelhinho que une pessoas, diminui distâncias e ameniza saudades.

Nossa! Como estou poética hoje.

Eu e a Amanda apostamos quem ficaria com mais garotos. Apostamos um vale-cd, e ela ganhou. Ficou com nada mais, nada menos, do que sete. A grana da minha semanada vai ser para comprar o vale-cd e dá-lo para ela. Palavra é palavra, trato é trato.

Ela é minha melhor amiga, e, com ela, não posso furar, mesmo porque, ela nunca furou comigo. Toda as vezes que apostamos e eu ganhei, em menos de dois dias lá estava a campainha da minha casa sendo tocada por ela, com meu troféu na mão. Dessa vez, meu querido diário, ela se superou. Sete garotos, quem diria!

Nosso recorde, até agora, tinha sido de seis garotos, naquele luau, na casa de um dos meninos do primeiro ano. Que casa imensa! Fica às margens do lago Paranoá, ponto nobre da cidade. Muita comida, bebida e, depois, virou rave. A garagem virou festa de música eletrônica, e foi aí que os meninos vieram com o ecstasy. Eu consegui sair fora, mas a Amanda e a Patrícia embarcaram na onda. Ficaram loucas, elétricas, não paravam de pular ao som de luzes e do som bate-estaca. Acabaram sumindo com os caras e me deixaram, ali, sozinha, para ser alugada por aquele chato que não saiu mais do meu pé. Aquele luau virou rave e, para mim, virou pesadelo.

Depois, no outro dia, as meninas apareceram com a roupa toda molhada e suja. Patrícia havia se trancado com um carinha em um dos banheiros. Ele tinha duas camisinhas e eles transaram exatas duas vezes. A Amanda foi para trás de umas árvores e vê se pode? Acabou fazendo sexo oral no cara. E, na vez dela, é claro que ele saiu fora!

— Não gosto de bacalhau não, gatinha — ele falara para ela.

Ficou fula da vida, meu diário, mas, também, quem foi que a mandou usar todas essas porcarias que alteram as pessoas? E mais: sem saber direito o que estão fazendo?

Diariozinho, diariozinho meu... Semana passada, chegou, lá na sala de aula, um carinha dos mais diferentes que eu já vi. Chama-se Poraquê (nome de peixe elétrico, vê se pode!) e veio de Belém. Não a Belém do menino Jesus, mas sim Belém do Pará. Ele parece um indiozinho. E, querido diário, você sabia que eu tenho a maior queda por silvícolas? Pois é... Se não sabe, fique sabendo agora.

Fico por aqui, porque acabei de olhar os ponteiros do relógio e vi que já é quase uma da manhã e segunda-feira acordo cedo para pegar a Van que me deixa na escola.

Tchau, tchau!

Brasília, 16 de fevereiro de 2006

Meu querido diário. Hoje, o Poraquê me enviou umas flores, em plena sala de aula, e estragou qualquer possível chance de ficarmos juntos. Foi a maior pagação de mico. Os meninos riram à beça, e as meninas ficaram naquele nã,nã,nã,nã,nã e rum-rum direto. Fiquei mais vermelha que um pimentão! E tudo isso, para quê? Apenas para me convidar para sair no final de semana.

Se ele queria me convidar para sair no final de semana, querido diário, por que não chegou e falou? Tinha que me fazer pagar esse mico... Mico não! Orangotango, um chipanzé, um babuíno ao cubo que, se um gigante medir com uma trena, deve dar uns dois King Kong.

Fiquei fula da vida! Que idiota! O cara gastou o dinheiro dele e perdeu tempo comigo. Invadiu o meu espaço. Quem disse que eu queria receber flores?

Imagine a cena, meu diário: o entregador bate à porta da sala, em plena aula de Matemática, do Romualdo, o professor mais chato e careta da escola, pede licença, entra e fala o meu nome com voz trêmula:

— Para a senhorita Magda Alves!

Eu tento sumir, esconder-me debaixo da carteira, mas os colegas sentados mais próximos me delatam:

— É essa aqui! — apontam.

O entregador atravessa a sala com o buquê nas mãos e o estende para mim. Sala lotada com mais de quarenta alunos. Fiquei, ali, não sabendo onde me enfiar, louca para ser uma toupeira, uma avestruz com uma cabeça blindada, que transpusesse paredes de madeira.

E, para piorar, o menino faltou à aula. Inicia as coisas e não sustenta. Odeio homem frouxo, bundão, mané. Faltou à aula. Faz a merda e não agüenta o rojão. Mas ele não perde por esperar...

Brasília, 17 de fevereiro de 2006

Meu diariozinho. Hoje, o Poraquê pediu para falar comigo na hora do recreio. Eu não ia, mas as meninas tanto fizeram que acabei indo. Pediu-me em namoro e disse que estava apaixonado. É claro que levou o maior fora!

Olhe só... Veja se tem cabimento? O cara nem me conhece e já está apaixonado. Imagine se eu der uns amassos bem dados nele? Não vai me deixar em paz, nunca mais!

Falei para ele pegar leve e nunca mais me enviar flores e que, se ele me enviar flores novamente, eu vou à polícia e invento que ele está me ameaçando. Você precisava ver a cara que ele fez. O queixo caiu e os olhos ficaram com lágrimas. Eu penso que ele nunca mais vai me incomodar. Quem o mandou ser mané? Como vai se insinuando, assim, do nada? Nem conheço o cara direito, e ele já entra nessa de que me quer, que está apaixonado por mim...Parece maluco!

Tenho medo de gente assim. Parece coisa de psicopata de filmes de terror. Essas coisas de Jason, Chuck e Freddy Krueger. Deus me proteja desses doidos!

Brasília, 20 de fevereiro de 2006

Hoje rolou um zum zum zum na sala. O Poraquê pediu transferência. Melhor assim. Umas meninas vieram me dizer que eu fui má, sacana, cruel. Nem respondi. Falei que o que vem de baixo não me atinge.

Boa noite, diariozinho!

Brasília, 29 de fevereiro de 2006

Diário, meu amigo, hoje estou morta de cansada, mas com disposição para escrever que o meu carnaval foi o bicho.

Nas duas primeiras noites pulei no baile do Iate Clube, e as de segunda e terça me esbaldei no salão da AABB. Nunca beijei tanto na boca. Ser bonita ajuda, e muito. Bati meu recorde! Devo ter ficado com uns trinta carinhas nesses quatro dias de folia.

Bebida era proibida, nas matinês, mas loló, eu e as meninas cheiramos, escondidas no banheiro, um monte de vezes.

Fomos eu, Amanda (claro!), Patrícia e a feiosa, mas gente fina, da Michele. Até a Michele conseguiu ficar com um. Ô bichinho feio. Cabeça achatada e um sotaque de nordestino, horroroso. Tadinha. Os dois ficaram nos quatro dias de carnaval. Chegavam sozinhos e, logo que se encontravam, saíam pulando e cantando aquelas marchinhas do tempo do ronca "Olha a cabeleira do Zezé, será que ele é..." (Que preocupação é essa? Deixa o cara! Se ele for gay, e daí?) e "Bandeira branca, amor...".

Pulei muiiiiiitooooooo...Beijei muito, mesmo! Com alguns, era engraçado. Nem papeávamos nem nada. Apenas um olhava para a cara do outro e, quando dávamos por nós (se é que dávamos...), já estávamos nos beijando.

Tinha um menino fantasiado de cacique (já te disse que é o meu lance!) e ele me convidou para tomar um refri, e eu aceitei. Não conseguia ver o rosto dele direito, por causa da maquiagem. Tomamos o refri, fomos para o jardim olhar o céu e tomar ar. Ele falou que a minha boca era muito bonita, e a dele, eu já havia achado em silêncio, maravilhosa. Então, é claro, meu diário, que nos beijamos e foi o melhor beijo de todos os quatro dias.

Tirou, do bolso, e me entregou um chiclete pós-beijo. Eu abri e li em voz alta a inscrição da figurinha.

— O amor faz com que levitemos!

Ele sorriu.

— Essas figurinhas são, mesmo, engraçadas. Melhor ficarmos com o chiclete!

Não nos vimos mais, querido diário. Coisas de carnaval...

Beijei mais um monte de caras, mas nenhum tinha aquela pegada, aquele jeito, aquele beijo gostoso!

Querido diário, melhor eu ir dormir para ver se sonho com o meu cacique.

Tchau, tchau!

Brasília, 2 de março de 2006

Diariozinho querido. Hoje, quando saí da Van, o Poraquê me esperava. Me deu um sorriso e um chiclete. Agora, estuda à tarde em uma escola católica. Reparei bem no desenho dos seus lábios e na boca que me pareceu familiar.

Fui convidada para ir ao cinema e aceitei. Gostei do jeito, da pegada. Um cacique de verdade! E, afinal, é disso que nós mulheres gostamos! Um cara que se imponha, que se destaque.

Pegou meu telefone e ficou de me ligar. Mas não fui tonta e, também, é claro, peguei o dele. Se ele não me ligar até sábado na hora do almoço, com certeza tomarei a iniciativa e ligarei mais para o final da tarde.

Antes de colocar o chiclete na boca, li a frase da figurinha que o envolvia:

— Só perde um amor quem ama!

Depois desse intenso, mas breve relato, só me resta dormir. Boa noite, meu amigo diário. Vou tentar sonhar com as descargas elétricas certeiras, desferidas pelo meu Poraquê paraense.

Tchau, tchau.

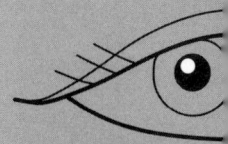

O olhar dos outros

Por dentro, sentia-se igual, mas a descoberta de que envelhecera chegara pelo tratamento de senhor e pelo olhar das meninas.

Na rua, nenhuma o olhava mais. Não adiantava malhar em academia, usar terno, gravata e traje de corrida. Já não despertava mais paixões. Apenas olhares tranqüilos, complacentes, e o pior: indiferentes.

No posto de gasolina, na papelaria, em todos os lugares o tratamento senhorial.

As mal-tratadas, mas lindas frentistas, as atendentes e caixas de supermercado:

— O senhor deseja mais alguma coisa? O senhor gostaria de comprar nosso aditivo? O seu extintor está em dia, senhor? Cuidado com a multa de tantos pontos na carteira!

E os netos:

— Vô, como eram os carros no seu tempo? Os aviões? Os cinemas? O que o lanterninha fazia?

Por vezes, indignava-se e contra-atacava:

— O meu tempo é o mesmo que o seu! Não estamos convivendo simultaneamente, nós dois, sob o mesmo dia, cidade, família etc.?

O neto não entendia, ou fingia não entender.

Os da sua idade incomodavam-no. Jogos de dominó e truco, nas pracinhas, não o atraíam. Era provocado pelos da sua faixa, quando passava.

— Lá vai o lorde inglês. Sim, vossa excelência! Pois não, senhor membro da realeza!

Ele fazia o gesto de punho erguido, com a palma da mão apertando o antebraço direito, e enviava uma banana.

— Vão se danar. Façam alguma coisa de útil! Vão escrever um livro, arrumar um trabalho...

Um ou outro se irritava:

— Trabalhei minha vida toda! Agora, prefiro jogar, na praça, com os amigos.

— Então, vê se não me aporrinha e volte para sua mediocridade!

A saraivada de impropérios atingia algumas casas vizinhas.

— Velho metido! Filadaputa! Desgraçado!

Simplesmente, dava as costas e saía rindo, vencedor.

Mesmo aos setenta, ainda trabalhava. Na loja de acessórios para automóveis, do filho, ocupava o seu tempo. Via casais, crianças, movimento. Ajudava na contabilidade e sugeria a compra de produtos. Sabia de cor e salteado os produtos que tinham boa saída e os que encalhavam.

Os empregados adoravam-no. Gostavam do seu humor, de suas tiradas inteligentes. Alguns chamavam-no de vovô Queirós.

Ele os olhava bem dentro dos olhos e replicava:

— Vovô é o pai da quenga que te botou no mundo, seu filadamãe!

E eles riam que embolavam.

— Seu Queirós, o senhor é uma peça rara!

Queirós continuava:

— Se eu descobrir que tenho um neto bastardo com essa sua cara de índio paraguaio derrotado pelas tropas do Caxias, pulo do viaduto, de cabeça.

— Olha o racismo, seu Queirós. Olha, olha que eu denuncio o senhor... — disse-lhe, certa vez, um atendente.

— E eu esfrego o estatuto do idoso na tua cara e desminto tudo. Agora, a lei está ficando do nosso lado também. Além dos menores e índios, os idosos também podem aprontar das suas. Coisas ruins e, quiçá, boas.

O atendente sério:

— Caramba, seu Queirós... Agora, o senhor pegou pesado.

— Quem pega pesado é estivador, no cais do porto!

O atendente ofereceu-lhe uma balinha, em gesto cordial.

— Menta? Obrigado!

Uma semana depois, transitava novamente pela praça. E lá estavam os mesmos de sempre. Avistaram-no de longe.

— Olha lá quem vem vindo, o lorde inglês! — provocou o mais alto.

— É, retrucou o mais baixinho, é o lorde boiola, inglês. Sir Oscar Wilde, ou seria sir Elton John?

Os três riram.

— Deve ser o sir empavonado das alterosas Alagoas — completou o terceiro, mediano.

Provocado, ele sorriu.

— Pois o que vejo: Moe, Larry e Curly — e começou a cantarolar a musiquinha de introdução dos Três Patetas — Onde vocês esconderam o estoque de tortas e pastelões? Cuidado para não comerem muito e entupirem de vez as artérias do cérebro.

Novas pantomimas de gestos obscenos e polifonias de xingamentos. Mãe e virilidade ofendidas. Ele nem parou. Seguiu seu trajeto, rindo, cantarolando, displicente.

Na outra ponta da praça, perto de uma mangueira carregada, sentiu uma pontada no peito e caiu. Tombou estrangulado pela dor, asfixiado pelo nó no órgão dos amantes. Bateu com a cabeça na grama alta, e essa foi a sorte. O ar chegava rarefeito aos pulmões. Xingamentos foram trocados pela preocupação e ele foi cercado pelos três.

— Lorde, lorde, o que houve? — perguntou o mais baixo.

Ele mal conseguiu responder. Apontou o peito e disse, num sussurro:

— Coração!

O mais alto sacou do bolso seu celular e ligou rápido para o socorro. Em menos de quinze minutos, estava na ambulância. O mais baixo seguiu junto, mentindo que era irmão. Foi sentado ao lado da maca. De um lado o paramédico, do outro, o enfermeiro.

Barulho ensurdecedor de sirene, trancos, solavancos, freadas bruscas e dribles no trânsito. Calvário quase interminável. Sentiu o veículo em subida de ladeira. Uma freada brusca, porta aberta e a maca retirada. Ele, em alta velocidade pelos corredores.

Estacionado em uma sala, em breve momento, ouviu os médicos falando em desobstrução de artéria, em cateterismo e, se não desse certo, angioplastia. Ele não entendia muito bem o que eram esses procedimentos médicos, mas imaginava que não eram nada simples.

Enfiaram um arame fino por uma artéria da perna. Ela ardia, formigava. Não era um arame. Era um cateter. Depois de alguns minutos, ouviu o laudo, de um rapaz com fisionomia de residente:

— Senhor Queirós, não conseguimos a desobstrução da artéria do seu coração. A saída será partirmos para a angioplastia.

Jaleco branco, sorriso iluminado no rosto. Muito jovem.

— E isso é bom ou ruim?

Manteve o sorriso iluminado.

— Nem bom, nem ruim. Necessário.

Explicou-lhe, pacientemente, o que era, mas ele não quis ouvir. Virou-se de lado e fingiu estar grogue pela anestesia. Na saída, rumo à sua noite no CTI, seu filho, sua nora e seu neto aguardavam-no.

O filho apertou-lhe uma das mãos, seu neto beijou-lhe o rosto. Sua nora, com os dedos abertos em forquilha, fez o V da vitória. Dois enfermeiros foram guiando a maca. A única coisa que conseguia ver era o teto muito branco e as lâmpadas fluorescentes que se repetiam, como num quadro de desenho animado em série. Na espera do elevador, três cabeças curvaram-se para baixo, na sua direção.

Não se conteve e sorriu.

— Pois, então... Moe, Larry e Curly!

— Como está se sentindo Elton? — perguntou o mais baixinho.

— Na medida do possível, estou bem!

— Você vai ficar bem, lorde! A equipe de cardiologia daqui é muito boa. O doutor que vai te operar é o mesmo que operou o meu irmão. Ele colocou umas safenas e mamárias e hoje está bonzinho da silva. Até futebol o homem joga — afirmou o mais alto, com convicção.

— Vamos lá, sua alteza... Você vai se safar dessa, completou o mediano com firmeza na voz.

A porta do elevador abriu e a maca foi acomodada. Antes que a porta se fechasse ele conseguiu dizer um "Obrigado, rapazes", quase inaudível.

Foi ouvido:

— Por nada! — três vozes responderam, em uníssono.

A porta do elevador foi fechada. Um botão, apertado por um dos enfermeiros, acendeu uma luzinha. Décimo andar. Depois, caiu no sono e não viu mais nada.

Dois meses passam muito rápido.

Caminhava pela praça. Passos lentos, mas precisos, desses que cravam no chão, um a um. Caminhou na direção dos três. Foi visto, de longe, realizando movimento por movimento. Sinuoso, mas decidido.

— Bom dia, amigos. Obrigado por tudo!

Os três levantaram-se e estenderam-lhe, amistosamente, a mão.

— Que é isso, lorde. Fizemos apenas o que deveria ser feito. Ajudar um semelhante — respondeu o mediano.

— Prazer! Meu nome é Sebastião Queirós. Eu não sou Alagoano. Sou Pernambucano, de uma cidade chamada Igarassu. Cidade histórica, gloriosa, altaneira. Sou funcionário público, aposentado. Moro com meu filho, minha nora e meu neto e trabalho na sua loja de vendas de acessórios para carro.

Os outros três entreolharam-se. Surpresos e desarmados, eles deram continuidade à apresentação:

— Meu nome não é Moe — respondeu o mais alto — eu me chamo Octávio Gonzaga. Sou professor aposentado. Lecionei literatura inglesa em uma faculdade, antes de me retirar da vida acadêmica. Sou goiano, de Anápolis.

— Daí vem a pecha de Lorde e de Oscar Wilde que você me impôs?

— Com certeza! Grande escritor que tinha uma quedinha por rapazes. Como você era todo empavonado, empinado e cheio de frescura, calhou...

O mais baixo largou uma peça de dominó e ficou de pé, de um jeito espevitado, marcial.

— Eu me chamo Manoel, mas meus amigos me chamam de Manelim. Sou mineiro de Coromandel. Vim para cá, Brasília, pequeno. Trabalhei como feirante durante anos, até comprar uma banca de revista. Hoje, quem toma conta é o meu filho mais novo. Não tenho mais saco para trabalho, mesmo ao ar livre. De vez em quando, apareço para olhar a mulherada pelada na Playboy, na Sexy e só. Como você pode perceber o meu nome não é Curly.

Os outros três gargalharam.

— Eu me chamo Roberto, mas os amigos me chamam de Beto. Sou de Bento Gonçalves, Rio Grande do Sul, terra da uva, da serra, do frio e de bons vinhos. Tu, quando passavas pela praça, não deves ter reparado, mas volta e meia tomo meu chimarrão e uso a minha almofadinha do Grêmio, para não sujar a calça, no banco de praça. — e levantou a peça azul e branca. Sou comerciante. Eu e meus filhos montamos um negócio, aqui na capital. Vendemos vinho, nata, chimia, erva-mate e suco de uva para as grandes redes de supermercado. Mas, por agora, eles é que assumiram o negócio. Agora, vou mais pela beirada. Eu me dei aposentadoria. Chega de trabalho. Prefiro brincar de dominó e jogar conversa fora com os amigos.

O recém-chegado deu continuidade:

— Será que eu posso jogar com vocês?

— Claro! Será um prazer! — respondeu o mais alto, representando a vontade dele e dos outros dois.

Os quatro sentaram-se.

— Como está se sentindo, guri, depois daquele susto todo?

— Bem. Nasci de novo, graças a vocês. Olhem só... — e abriu três botões da camisa e deixou que vissem, no peito depilado, a enorme e recém-instalada cicatriz.

— Uau!

— Minha nossa!

— Que corte enorme, magrão!

As peças negras do dominó foram dispostas, nas justas fileiras definidas pela regra do jogo. Pardais saltitavam pelo chão e bicavam, um a um, os milhares de ciscos. Um menino chamou atenção por soltar uma pipa com o símbolo e as cores do América do Rio. Vermelha, viva, endiabrada.

— Se eu me tornasse um coringa dos Três Patetas, o que seria melhor que eu fosse? O Shemp ou o Joe? – perguntou o dono das mamárias, safenas e da cicatriz.

— O Shemp seria o ideal! – respondeu o ex-professor. Ele é mais engraçado, menos pomposo, mais desgrenhado.

— Pois é... Interessante como a visão que temos dos outros pode mudar a qualquer instante.

— O olhar dos outros, em relação à gente, também, meu amigo e ex-funcionário público. E como!

— Pois sim, meu caro professor. O olhar dos outros nos impõe sanidade e loucura, estilo e breguice, justeza e idiotice.

— Gente, vamos jogar e deixar de filosofia barata. E viva Minas Gerais, toada, broa e o barroco secular!

— Viva! – os quatro, em uníssono.

— E viva Pernambuco, o frevo, as praias e o passado de lutas!

— Viva! – uma vez mais.

— Então, que viva o meu Goiás, terra da água quente de Caldas Novas e da exuberância da Chapada dos Veadeiros!

— Viva!

— Mas eu tenho uma sugestão — o mais alto interfere. Ao invés de Moe, Larry, Curly e Shemp, por que não incorporarmos John, Paul, George e Ringo?

— Tenho uma idéia melhor! Por que não os quatro Elvis? — o mais baixo arremata. Ele representa mais a nossa época de brotinho. Concordam?

Nisso, a moto desacelera. O motoqueiro levanta a viseira e vira-se na direção do grupo. As duas rodas quase tocando o meio fio, a voz sai firme e debochada de dentro do capacete.

— Vão arrumá o que fazê, seu bando de velhos picaretas!

Os quatro levantam-se, simultaneamente, como bonecos de mola, apertados por pressão de cima para baixo. Criam um coro pornofônico, coeso, defensivo, corporativo.

— Vai pra puta que te pariu, moleque filadaputa!

O moleque se assusta. Baixa a viseira, acelera e some na curva da cidade sem esquinas.

Zumbi é macho

Aquele sociólogo anda dando umas entrevistas, nas quais defende a tese de que Zumbi era gay. Outro dia, mencionou a escassez de mulheres no Quilombo dos Palmares e o grande número de homens e lascou:

— Zumbi, com certeza, era homossexual!

Cara de pau!

Certamente, o viado é ele, com aquela perninha cruzada, balançando um pé nervoso, de um lado para o outro, vindo falar de Zumbi, do grande Zumbi dos Palmares. Tem, também, aquela calça estilo bag, largona, aquelas sandálias de velcro, imitando os césares romanos. Vejam só se isso é roupa de macho usar, principalmente na tevê, a cidade toda vendo.

"Meu Deus que cara mais viadinho!". E é por isso, e só por isso, que eu o espero, aqui, em frente à estação de tevê. "Tá pensando o quê? Não se fala do grande Zumbi, assim, não."

Toda semana esse cara está na televisão. Fala de Zumbi, de Psicanálise, de Behaviorismo, de lagosta e até de futebol.

Fico imaginando se ele, realmente, é tão ilustrado e eclético assim ou se, na verdade, é mais uma armação da mídia. Mas o que mais me intriga, mesmo, é ele ter falado mal de Zumbi. Se fosse de um traidor, de um delator ou de um corrupto, tudo bem. Mas falar do Zumbi, assim, na cara dura, de que ele era viado...

Não consigo imaginar Zumbi dando a bunda!

Um cara como Zumbi não pode dar a bunda. Um herói da raça negra, um baluarte da liberdade, o nosso Malcom X, um revoltoso tão importante quanto o Conselheiro, não pode... Um cara como esse não dá a bunda. Ele, no mínimo, come a dos outros.

Como é que um sociologozinho de merda tem a ousadia de falar mal do grande Zumbi dos Palmares?

"Nossa! Ficar, aqui, debaixo desta mangueira já tá me dando frio, e esse cara que não sai". Olho no meu relógio de pulso. Quase onze da noite, e nada. O que será que este sociólogo tá fazendo lá dentro, ainda? O programa acaba às dez, e já são quase onze.

Ah, finalmente ele saiu!

Mas o que é aquilo? Ele está de mãos dadas com outro cara... E o cara é negro. Sujeito forte, malhado, desses de academia. Só o ombro dele dá a metade do comprimento do meu corpo. O sociólogo entra no carro e o negro forte-malhado fica na janela mexendo no cabelo dele, dá-lhe um beijo no rosto. Fisionomia de apaixonados. Me dá nojo! Não falei que o cara é viado?

Remexo com a mão dentro da minha mochila, procurando o apetrecho que eu precisava. Não achei o spray de pimenta, mas o soco inglês está lá.

Abro o zíper, na parte da frente, e sinto, pelo cano e pelo gélido do metal, que a calibre 22, eu não esquecera.

Sinto um cutucão nas costas.

Viro-me e vejo o guardinha que logo me aperta:

— Que tu tá fazendo, moleque, a esta hora da noite, sozinho e à espreita, aí, debaixo da mangueira?

Falo que estou esperando o sociólogo, que sou seu fã e que queria um autógrafo e, então, ele me pega pelo braço e me leva até lá, na direção do carro dele.

O negro forte entra de volta, no prédio da emissora, e o sociólogo dá marcha a ré no seu carro, com as luzes acesas, de pneus e pára-choques pretos pela negrita. Dá tempo, e o guardinha bate no vidro traseiro do carro e ele pára.

— Seu Matias, o senhor vai me dando licença, mas este menino que estava escondido lá atrás, debaixo da mangueira, me disse que é seu fã e que quer um autógrafo seu.

O sociólogo olha-me de cima a baixo e fala:

— Então, um fã juvenil, quase infante... Que curioso!

Disfarço, pois não quero ninguém vasculhando a minha mochila, e confirmo que sou seu fã, que gosto dos seus artigos, do seu estilo despojado.

Ele adora o que digo. Me estende uma foto sua estampada em um papel parecido com um cartão postal, saca uma caneta azul da sua pochette preta, presa à cintura, e assina-a. Pisca-me, enquanto a entrega.

— Você tem como ir para casa?

Imagino que vou receber uma carona e forço uma cara de vítima:

— Não, não tenho — respondo.

— Entre aí, garoto, que eu o deixo em casa.

Abre a porta do passageiro, dou a volta e entro. Ele engata a marcha, manobra, passamos pela guarita, e o guardinha nos abana numa despedida. O som é ligado e ouço uma música do Ney Matogrosso, seguida por outra do George Michael.

— Adoro coletâneas! Fui eu que gravei este cedê. É uma mistura de música nacional com sucessos internacionais. Eu tenho um gravador instalado no meu computador. Este som o incomoda?

Faço que não com a cabeça e, quando ele me pergunta onde eu moro, eu já estou por conta de ouvir aquela voz e aquele cedê de viado. Meto a mão dentro da mochila e retiro a arma niquelada, apontando-a para a sua cabeça.

— Cala a boca e toca para o meio do cerrado. Para qualquer descampado!

Ele me olha atônito e mais incrédulo fica quando vê a suástica branca, tatuada no meu pulso negro.

— Contradição pura! — me diz.

— A vida é assim, mesmo! Repleta de contradições! — rebato sorrindo.

Sensações de um encontro casual

Sentada à mesa, ela me viu, assim que entrei no bar.

Deu uma risadinha nervosa e continuou conversando como se nada tivesse acontecido.

Exatamente, como eu havia previsto, ela estava saindo com um velho. Não era um desses velhos enxutos que freqüentam academia e dispensam o viagra. Era um velho acabado, barrigudo e quase careca.

Fiz questão de me sentar poucas mesas à sua frente.

Ela me olhou, nervosamente, e bebericou o líquido azulado, aprisionado em seu copo. O velho começou a acariciar seus cabelos, e senti que ela estava incomodada. Não sei se este incômodo era pela minha presença ou por não gostar do toque do velho.

Não estava mais tão bonita como nos nossos tempos de namoro. Muito magra, rosto cavado, os braços finos demais. Não estava arrumada, para "matar", como sempre, com suas botas pretas e sua minissaia jeans. Vestia uma saia amarela, até um pouco acima dos tornozelos, uma blusinha bege de malha. Brincos discretos, de ouro, adornados por pérolas, completavam-lhe o visual. Notei que aqueles brincos eram o presente de natal que eu lhe dera, três anos antes.

O garçom aproximou-se e fiz meu pedido:

— Uma água tônica, pão sírio e pasta de grão-de-bico.

Ele afastou-se e, minutos depois, retornou com tudo que eu pedira.

Olhei no relógio: vinte horas, cravadas pelos ponteiros.

Peguei um pão, uma faca e empapei-o com pasta. A hortelã completou a decoração. Levei-o à boca e o ajudei, na descida, garganta abaixo, tomando um gole de bebida.

Um vendedor de incenso se aproximou da minha mesa, inclinando-se em minha direção. Baratinho: um real. Comprei o de almíscar. Ele me deu o troco e continuou a peregrinação pelas mesas. Balançava sua bata indiana, azulada, na medida em que ia andando.

Percebi que ela me olhava. Devia estar pensando assim: "Você sempre foi alérgico ao cheiro de incenso. Como é que resolve comprar um, logo agora?"

O velho colocou a mão direita no bolso e retirou uma caixinha que descansou sobre a mesa. Uma caixinha bonita, vermelha, aveludada. Quando a abriu, consegui ver o brilho do solitário. Anel ofuscante e que devia ser bem caro. Ela fez uma cara de surpresa e ele se aproximou para beijá-la. Desta vez, ela não o repeliu. Devia ser sempre assim. Por um beijo, um solitário. Por uma trepada: uma viagem de final de semana para Búzios ou Porto de Galinhas.

Peguei mais um pedacinho de pão sírio que empapei com pasta de grão-de-bico. Mandei para dentro e senti um gosto azedo. Mas acho que o azedume vinha de mim. A pasta e o pão, definitivamente, não tinham culpa.

O garçom se aproximou me perguntando se eu desejava mais alguma coisa, e eu disse que sim.

— Uma cerveja *long neck*, por favor — e ele me perguntou se eu tinha preferência por marca e eu falei que não. Saiu rápido, rumo à satisfação do pedido.

Enquanto a cerveja não chegava, surgiu do meu lado um vendedor de cedês. Era um senhor muito velho, com o rosto arado pelas rugas. Fiquei com pena. Levava na mão uma caixa pesada, por mostruário, que o tornava mais corcunda do que já era. Olhei a exposição mambembe e acabei comprando um cedê pirata, de forró pé-de-serra. Estendi-lhe cinco reais, na hora exata em que minha cerveja era colocada sobre a minha mesa. O senhor me agradeceu e seguiu seu caminho, serpenteando entre as mesas.

Deixei a água tônica de lado e fui bebendo a cerveja.

Bebia no gargalo mesmo. Estava começando a ficar um pouco nervoso.

O copo limpo, ali na minha frente, e eu bebendo no gargalo. Ela recomeçou a me olhar. Olhava-me como quem pensa assim: "Logo você, que sempre combateu a compra e a venda de cedês piratas ..."

Consegui me controlar e coloquei o que sobrou da cerveja no copo com feitio de tulipa. Tamborilava na mesa. Minhas unhas roídas batucavam o ritmo do samba-enredo de uma escola de samba que eu ouvira no Eixão da Folia: Vem pro rei momo vem/ mais este tomo/ deste livro de carnaval.

Apareceu um vendedor de flores. Flores vermelhas, as flores da paixão; amarelas as da amizade e rosas-rosa, se não me engano, as do amor. Ela adorava essa cor: rosa-rosa. Comprei uma e perguntei se ele entregava na mesa, sem dizer quem enviara. O vendedor me respondeu com um:

— Lógico que entrego!

Mas, quando viu que o alvo estava acompanhado, levou medo.

— Vai dar briga, doutor!

— Vai nada, rapaz! Só não fale que fui eu quem mandou!

Paguei a rosa-rosa, e ele saiu de lado, driblando mesas, cadeiras e clientes em pé. Quando ela a recebeu, ficou branca. Baixou a cabeça com cara de quem não sabia o que fazer. O velho levantou-se, macho, perguntando para o vendedor quem a tinha enviado, mas o vendedor virou-lhe as costas e foi fazer suas vendas em outra parte do bar. Ele, ali, de pé, olhando rapidamente para todos os lados, como um periscópio de submarino. Não me descobriu. Minha risada era interna, meu prazer subterrâneo. Não demonstrei nada, através de rosto, boca, olhos, ou cenho. Senti uma mão suave nas costas.

— Oi... demorei?

— Nada! Cheguei há pouco!

— Desculpe-me. Hoje, no trabalho, foi fogo. Fiquei até às vinte, saí e fui correndo em casa tomar um banho rápido.

— Você está bonita!

Ela corou um pouco e sorriu.

— Você acha?

— Acho não! Tenho certeza!

Ela abaixou o corpo em um desenho sinuoso, mas suave, e beijou-me na boca, antes de se sentar.

— Então, o dia foi cheio?

— Nossa, se foi! O chefe me colocou para taquigrafar uma entrevista do ministro, gravada em k-7, até poucos minutos antes das dezenove. E você?

— Tranqüilo. Meu dia, na livraria, foi tranqüilo. Hoje, até que vendi bem. Uns livros usados do Kundera, do Calvino e uma coleção antiga da Barsa. Acabei conseguindo um bom preço.

Ela ficou me olhando, com admiração.

— Sabe que eu acho o máximo você ser dono de livraria? Ainda mais um sebo!

— Por quê?

— Acho difícil encontrar homens que gostem de ler, que sintam necessidade de se informar. O que me cativou, instantaneamente, foi essa sua relação com a leitura.

Beberiquei no copo. O garçom chegou, perguntando o que desejávamos, e pedimos mais duas cervejas e mais pão sírio.

Olhei para a mesa da frente, e ela me olhava com uma risadinha nervosa, de canto de boca. Nunca tinha me visto com mulheres e, até o dia em que lera meus e-mails e descobrira minhas escapadelas, nunca vira coisa alguma. O velho percebeu, e pude ler o desenho de seus lábios:

— O que foi, Maristela?

E ela:

— Nada, nada! Só estou meio indisposta.

Comecei a me sentir estranho. Era como se alguém puxasse um tapete imaginário de sob meus pés. Não sou vingativo. Essas coisas, eu as deixo para os escorpianos. Não era premeditada, a situação. Encontro casual, em bar, cada qual com seu respectivo atual. Enviei a flor nem sei por quê. Admito, fora maldade. Coisa de homem querer criar clima, com várias ao mesmo tempo. Deveria ter respeitado o seu espaço. Agora, é tarde. Nisso, o velho se levantou para ir ao banheiro e, quando ele deu as costas, vi que ela pegou a flor da mesa e a cheirou, demoradamente. Olhou na minha direção. Tremi, me deu um arrepio e um frio na barriga. Minha companhia percebeu.

— O que houve? Você teve um arrepio...

— De vez quando me dá.

— Que estranho...

— Vem do nada! Sou muito friorento.

— Eu já sou calorenta! A primeira dissonância nossa.

— No quê? — eu não conseguia mais me concentrar.

— Você, friorento, e eu, calorenta!

— Ah, sim — eu estava longe.

— Você está longe!

— Desculpe-me.

— O que está acontecendo?

Os pedidos chegaram, e fui salvo pela cavalaria, em forma de garçom. Os copos foram servidos e o pão sírio voltou a ser comido. Dei uma cheirada no meu incenso, passando o bastão ao longo das narinas. O velho voltou e se sentou à mesa. Beijou-lhe a testa, e ela, ali, me olhando de perto, poucas mesas à frente.

Surgiu um vendedor de bijuterias. Visual hippie, anos setenta. Cabelos muito negros e compridos, barba tomando-lhe o rosto em tufos desproporcionais. Abriu uma tábua, onde ficavam pendurados os brincos e as pulseiras.

Pedi a ela que escolhesse um par. Ela escolheu um lindo, com pena de pavão. Eu paguei e, num gesto carinhoso, comecei a afixar-lhe os brincos, nos minúsculos buracos dos lóbulos. De perto, na outra mesa, senti outro par de olhos em mim. Uma língua quente invadiu minha boca. Respondi, e nos beijamos por uns breves segundos.

Terminamos. Ela me abraçou.

— Obrigada pelo brinco. Ele é lindo!

— Hoje, estou inspirado. Estou comprando até cedê pirata.

— Cuidado com a contravenção.

— O que é isso, mesmo?

Ela sorriu, beijou-me a boca em um estalinho e ficou ajeitando o par de brincos!

— Você tem um humor fino.

— Só o humor — falei, levantando as sobrancelhas, em um comentário, com duplo sentido.

— É, você tem razão. Só o humor. Aquele dia, na sua casa, de manhã, eu estava assadinha, assadinha. Tive de passar um creme... Mas eu gostei muito. Foi muito gostoso — voz melosa de mulher, quando gosta, mesmo, ou quando deseja pedir alguma coisa.

Era a primeira mulher ruiva que eu namorava. O rosto cheio de sardas, a boca fina, as mãos macias e os dedos longos de pianista. Na cama, era tudo muito gostoso, mas nada que apagasse da minha memória a mulher sentada ao lado do velho, a poucas mesas à minha frente.

Faltava um carinho, um chamego, um jeito de pegar e de pedir mais, que nunca encontrei em mulher alguma. Tentei todas. Negras, brancas, mulatas, sanseis e nisseis. Tentei argentinas, suecas e americanas, que conheci nas festas promovidas pelas embaixadas. Mas nenhuma, nenhuma delas tinha aquele toque, aquele jeito de rir, aquela forma de olhar, de pedir mais. Qualquer coisa: sexo, água; para descer e comprar pão; para calibrar os pneus do seu carro; para não esquecer da festa de formatura na sexta.

O velho tirara a sorte grande. Não sei se, para ela, o sexo continuava com a mesma qualidade, agora, para ele, era garantido.

Bebi da minha cerveja, mas não quis mais o pão sírio e a pasta de grão-de-bico. Ela ficou me olhando, a ruiva, e eu via o movimento da sua boca, mas não ouvia mais nada. Senti outro olhar vindo de longe. Ela se levantou, pedindo licença para o velho e caminhou na direção do banheiro. Pedi licença para a ruiva:

— Preciso fazer xixi.

E foi bom, porque não menti e era a mais pura verdade. Eu estava quase me mijando nas calças. Desviei de cadeiras e mesas e de um grupo de jovens vestidos de preto, com cabelos espetados e narizes e bocas repletas de piercings.

Entrei, abri a braguilha, me aliviei e saí. Fiquei um bom tempo esfregando as mãos com sabão líquido, olhando-me no espelho, frente à única pia que atendia, do lado de fora, os dois banheiros. Enrolei tanto que ela apareceu. Olhou-me e deu uma risadinha baixinha e pediu licença. Esfregou as mãos com o sabão líquido esverdeado. Retirou-o, lentamente, com a água que saía pela torneira aberta e secou as mãos na toalha encardida, com cheiro ensebado. Não trocamos palavra. Antes de sair, entregou-me um guardanapo com algo escrito. Saiu e eu fiquei mais um tempo, ali, disfarçando, fingindo que ainda lavava as mãos. Abri o papelzinho branco e li: "Precisamos conversar um dia desses... Você ainda tem meu telefone?"

De volta à mesa, eu não conseguia ver mais nada.

Pedi para ir embora, e a ruiva aceitou.

— Vamos para minha casa, então — ela sugeriu, e, na hora, eu topei.

O garçom trouxe a conta. Preenchi um cheque e o coloquei dentro do cardápio. Peguei meu incenso e meu cedê pirata e, com a mão livre, entrelaçamos as nossas.

Senti um olhar me seguindo, enquanto dávamos as costas ao bar.

Ainda tinha o número do seu telefone e liguei no dia seguinte. Combinamos um almoço. Rimos muito, lavamos um pouco de roupa suja, em relação às mágoas do passado, e tornamos a rir muito.

Depois desse primeiro, combinamos vários almoços. Comida chinesa, japonesa, nordestina, mineira. Um dia, ela colocou um pedaço de carne de sol na minha boca e acabamos nos tocando. Demos desculpas, no trabalho, e fomos direto para um motel. Foi ótimo! O mesmo toque, a mesma magia, o mesmo jeitinho único de pedir as coisas: "Você põe camisinha? Você pega uma cervejinha no frigobar para mim? Você toma um banho de banheira comigo? Você pede a continha para a gente?"

Viramos amantes. Ela estava casada com o velho e não queria abdicar das viagens ao exterior, das jóias que recebia de presente, da mansão de dois pavimentos, onde morava, com mordomo e piscina.

Mas bem que eu adivinhei. O sexo, com o velho, era de má qualidade.

E eu? Eu me casei com a ruiva. O nome dela é Mércia, que um colega meu de trabalho brinca, dizendo que Mércia é a Márcia que não deu certo.

O sexo com Mércia era ótimo, cada vez melhor! Ela é carinhosa, fiel, companheira, compreensiva, e moramos em uma casa bem arquitetada e decorada, em um condomínio bem situado e valorizado. Nem sei por que fico chifrando-a, assim, com outra. Sou um cara fraco e, quando a outra me pede: "Não me deixa não..." – daquele jeitinho, eu vou ficando. Vou ficando e, cada vez mais, sem tesão, vou empurrando essa relação de amante, com a barriga.

www.
Portais

Digitou o dabliu, dabliu, dabliu indicado. Entrou num site pornô, mas precisava de uma senha e não tinha.

— Que merda — xingou.

Digitou outro endereço. As mulheres nuas apareceram na tela do monitor. Não pediu senha nenhuma. Sorriu de felicidade e começou a navegar. Mulheres se lambendo, mulheres lambendo homens, homens lambendo mulheres, loiras com loiros, morenos com loiras, negros com orientais, orientais com brancos, feios com lindas, lindas com baixos, baixas com gordos, gordos com altos, altos com baixas, gente com gente, no geral.

Todas as posições para pesquisas, traços para todos os gostos possíveis. Lugares explorados. Água, beira de piscina, banco de carro, pia de cozinha, chuveiro, banheira, em cima de piano de cauda, deitados no tapete, ralando as costas no mato e, até, na cama.

Em outra página, intitulada Sexo Bizarro apareceram humanos com animais. Mulheres com cavalos, jumentos e cachorros. Jibóias a dar com pau, homens com ovelhas e cadelas.

— Meu Deus, que nojo!

Voltou à página anterior. A maçaneta da porta é girada. Não dá tempo de fechar a janela eletrônica. É dia de faxina, e Raimunda entra no quarto e pega a cena de um negro, com pênis enorme, sendo chupado por uma ruiva natural. Parou na porta. Não disse nada. Apenas olhou, curiosa. Ele, parado, não sabendo se se desculpava, e ela, pensando o mesmo.

— Me desculpe, seu Henrique, eu devia ter batido antes.

— Tudo bem, Raimunda. Pode entrar.

Sem jeito, começou a tirar o pó dos móveis: mesinha de cabeceira, escrivaninha, armário, prateleiras repletas de livros e cedês.

Enquanto ela passava os panos, um seco e outro empapado com produto de limpeza, ele percebia que ela olhava de canto de olho.

Ele estava de pijama. Calção e camisa cobertos com bolinhas brancas por cima do tom azul marinho. Ela usava uma calça de moletom surrada, acinzentada, e uma camiseta branca, desbotada, que trazia o nome, o número e o partido de um deputado distrital.

Ele também começou a olhá-la de canto de olho.

Observou sua bunda durinha, nem pequena nem grande. Empinada, interessante.

Ela, separada, dois filhos e lhe dissera que tinha vinte e sete anos. Muito sugestivo, foi pensando. Ela pensava, do outro lado, que ele não era de se jogar fora.

Dos cantos, os olhares vieram para o meio dos olhos.

A tela do monitor ainda mostrava o rapaz negro sendo chupado pela ruiva natural. As sardas tornavam o ombro da mulher opaco, salpicado pela enorme quantidade de pintas pretas. O rapaz de peitoral malhado, enorme, careca luminosa, braços torneados, modelados por bomba e academia.

— Posso tirar o pó dessa estante ou o senhor está muito ocupado?

— Não. Tudo bem. Pode tirar. Eu saio do quarto um pouco.

— Pode ficar aí, vai ser rápido.

— Não tem pressa.

— O que o senhor disse?

— Eu disse: não tem pressa.

Ela coçou a cabeça e fez um muxoxo sacana com a boca.

— Por que não tem pressa?

— Porque, se depender de mim, você pode ficar arrumando o meu quarto o dia todo!

Ela deu um sorrisinho malicioso.

— Mas eu não posso. Tenho de arrumar os outros cômodos da casa. Depois, sua mãe chega pro almoço e não fiz quase nada. Preciso desse trabalho. É com essa e mais quatro faxinas, por semana, que sustento meus filhos.

Ele ficou sério.

— Qual a idade deles?

Ela respondeu, num piscar de olhos.

— O Derick tem cinco anos, e o Ronald, oito.

— Então, você casou muito nova.

— Com dezenove anos.

— Dezenove anos. Que pecado! Essa idade é para namorar, conhecer o mundo, as coisas da vida.

Ela ficou uns instantes em silêncio.

— No interior, é assim. O primeiro que aparece, honesto e trabalhador...

— Casou grávida?

Ela alterou a voz, irritada.

— Não. Casei virgem, de branco e na igreja.

Ele deu uma gostosa risada.

— Virgem, de branco e na igreja. E eu que pensei que isso só existisse, hoje em dia, nos filmes e em romance de época.

Ela indignou-se.

— Não senhor. Isso existe, sim, e como existe. Ainda tem muita mulher direita por aí!

— Então, quer dizer que mulher que transa, antes do casamento, e que não casa virgem não é direita? Deve ser uma mulher bolchevique então... Uma mulher esquerda. Comunista, socialista, anarquista...

Ela não entendeu a piadinha.

— O que o senhor disse?

— Nada. Coisas de ideologia política. Quer dizer que, onde você nasceu, as coisas acontecem desse jeito?

— Na minha terra, sim.

— E onde fica sua terra?

— Glória de Goitá, interior de Pernambuco. Já ouviu falar?

— Nunca ouvi falar!

— Pois eu sou de lá. Moro em Brasília, apenas há três anos.

— Engraçado eu não ter percebido o sotaque...

— O quê?

— O sotaque de pernambucana...

Ele recebera uma ducha de água fria.

Começou a lembrar-se da aula de antropologia cultural, na faculdade, do seu professor que falava assim:

— Essa história de Cinderela, de Gata Borralheira, só acontece nos contos de fadas, filmes de Hollywood e nas novelas da Globo. As pessoas se atraem por afinidades culturais, por gostos, por mundos parecidos, por metas em comum. Esses condes e barões que se casam com mulatas e as levam para a Alemanha, por exemplo. Quantos casos de escravização sexual e de maus tratos foram relatados? Relacionamento não é e não pode ser sexo, somente. Existem mais coisas, muito mais afinidades do que uma boa bunda, uns peitos empinados, um pinto gostoso ereto e sempre pronto e disposto! As pessoas se atraem por afinidades religiosas, trabalhistas, metas traçadas para o futuro, por gostarem de ler os mesmos livros, de assistir aos mesmos tipos de filmes de arte, de pancadaria ou comédias românticas. Atraem-se por gostarem do mesmo forró de sexta ou sábado, por freqüentarem a mesma academia e adorarem o culto ao corpo, o bíceps e o tríceps sempre duros e torneados. Atraem-se por serem fúteis e gostarem de andar sempre arrumadinhos e na moda. Por serem lindos e ambos pertencerem à alta sociedade quatrocentona ou, quem sabe, burguesamente emergente. Atraem-se por serem da mesma região, do mesmo município, por gostarem de pitar um cigarrinho de palha, por gostarem de fumar maconha e escutarem reggae ou, por curtirem um banquinho, uma voz e um violão de Bossa Nova. Uma guitarra distorcida e um solo rasgado. Assim são as pessoas. Atraem-se pelo corpo, pelo olhar, pela trepada gostosa, mas só conseguem manter o relacionamento, com as devidas afinidades culturais!

Como as pessoas são babacas: alguns foram à coordenação reclamar do seu vocabulário. Um professor que falava em peito, bunda e pinto não podia lecionar em uma faculdade de nome. Uma evangélica quase foi linchada. Os alunos que o idolatravam defenderam-no, com unhas e dentes. Ele se viu em meio àquela inquisição, mas conseguiu salvar-se em tempo, com argumentos persuasivos e com a promessa de que respeitaria a maioria. Afinal, democracia é ou não é isso? A maioria impõe o que quer à minoria. E o melhor: o professor continua na instituição e ministrando as aulas, do mesmo jeito profético-apoteótico.

Raimunda, ali, na sua frente. Ele, morando com seus pais, aluno do curso de Geografia, quarto bagunçado recebendo uma faxina.

Na sua frente, uma mulher bonita, um pouco maltratada. Os cabelos, a pele. Se recebesse um banho de loja, como falam, ficaria linda. Mas era melhor não esperar pela oportunidade do estudo, por uma aceitação sobre os outros tipos de vida e as outras maneiras de encará-la.

Poderia insinuar-se, mas, daí, lembrou-se de trechos de Sérgio Buarque e Gilberto Freire. Estaria reproduzindo algo ou seriam apenas dois seres humanos livres?

Pólvora e chocolate

Minha depressão fala tão alto, mas tão alto que virei chocólatra, vício que não me pesa muito na consciência, por saber que não estou sozinho no mundo.

Dizem que as gorduras e a tal de xantina estimulam os prazeres propagados pela serotonina e a endorfina. Definições científicas que, sinceramente, não compreendo bem.

Mas a verdade nua e crua é que, sem chocolate, não vivo! Vivo sem mulher, sem grana, mas não vivo sem chocolate!

Ontem mesmo, entrei em uma loja de doces e comprei barras de 200gr de chocolate ao leite, chocolate com avelãs, chocolate meio-amargo e chocolate com castanhas de caju. De chocolate branco, não gosto, jamais gostei e jamais gostarei!

Já paguei minha língua muitas vezes. Já disse que nunca namoraria uma japonesa e conheci uma menina sansei, em um encontro de comunicação, lá em Campo Grande, Mato Grosso do Sul. Sotaque de paulista, cheio de erres do interior, lá de Franca. Terra dos sapatos, mas de poucos descendentes de japoneses.

Foi bom. O beijo era uma delícia. O problema é que as japonesas têm pouca bunda. Na hora do amasso, fica aquela coisa chapada, reta, sem vida.

Ficamos mais alguns meses nessa, de telefone, cartas, cartõezinhos e encontros em cidadezinhas, no meio do caminho, entre Brasília e Franca. Terminamos, porque ficar beijando gancho de telefone, sexta e sábado à noite, não dá.

Também gozava meus amigos dizendo:

— Namoro a distância? Você é louco? Tanta mulher sozinha, por aqui, e você arranjando uma, em outro estado!

E pronto! Pintou a japonesinha!

Já paguei minha língua, também, quando não quis ir para aquele intercâmbio cultural, Brasil-Estados Unidos, dizendo que adiaria e que não gostava dos filhos do Tio Sam. Mas assisti a ótimos espetáculos de jazz e rock, e só isso já pagou a viagem. Melhorei meu inglês. Conheci e me envolvi com uma filha de mexicanos que estudava na minha sala, na High School. Lindíssima, dessas que viram a grande paixão da nossa vida: Manuelita. Até hoje, trocamos cartas e bilhetes eletrônicos. Por isso é que digo que não gosto de chocolate branco, mas vai que o preto e o marrom se acabem, por alguma praga, nos pés de cacau ou por alguma bactéria criada, geneticamente, em laboratório, e sobre, no mundo, apenas o branco.

Daí, eu apelo e acabo comendo.

Ontem, fui à casa da minha namorada e levei uma caixa de bombons. Relacionamento fresquinho. Estamos juntos há menos de dois meses. Acho que ela gostou. Pelo menos, beijou-me no rosto e me afirmou:

— Você é um anjo!

Retirei minhas asas, minhas roupas, me meti debaixo dos lençóis e nos amamos a noite toda. Quando terminamos, ela me falou, assim, mexendo nos meus cabelos lisos.

— Seu diabinho gostoso... — e continuou — seu diabinho gotoooso — fazendo aquela imitação de voz idiota que alguns adultos antipedagógicos insistem em propagar, quando falam com as crianças.

Quando ela dormiu, eu ataquei a caixa de bombons. Achei que fosse comer um só. Depois, passei para o segundo, o terceiro e, quando dei por mim e pelos meus atos, haviam sobrado somente dois. Apreensivo, resolvi descer, ir até à loja de conveniência da esquina, para ver se repunha o que foi comido. Peguei o pulôver, vesti a calça comprida, os sapatos pretos. Abri a porta, devagar, para não acordá-la, fechei-a com o máximo de cuidado, apertei o botão do elevador, entrei, apertei o térreo e desci. Ganhei a rua, após vencer a portaria, e olhei no meu relógio de pulso, com ponteiros: 22h 35min.

Muitos carros transitavam, muitos bares abertos, a padaria fechada e o sinal também. Assoviava uma música do Wando. Aquela antiga, Moça, que meu pai tanto gostava, quando eu tinha uns doze anos, e o Brasil se preparava para perder para a Holanda de Cruyff, na semifinal da Copa de 74. No tempo em que ele, o Wando, ainda não era metido a cantor pornô, e as mulheres de meia-idade ainda não arremessavam calcinhas no palco, para ele cheirar. Postes iluminavam a rua, de forma competente. Placas de trânsito impunham o Pare, avisando da lombada eletrônica, a 100m e legalizando um Proibido estacionar ao longo do meio fio. Sentia-me em casa. Sou mesmo um sujeito urbano, apesar do vínculo que sinto com Itabuna, Ilhéus e a zona cacaueira baiana, imortalizada nos romances de Jorge Amado.

Dobrei à esquerda, e a lojinha de conveniência, localizada dentro do posto de gasolina, estava aberta. Entrei, pedi uma caixa de bombons, paguei, peguei meu saquinho plástico recheado pela preciosidade e me encaminhei para o retorno. Um frentista amigo me abanou e retribuí. Na bomba, um garotão corajoso e endinheirado mandou completar.

Eu caminhava devagar. A Lua, lá em cima, cheia de poesia, e eu cá embaixo, cheio de chocolate. Nunca fui de me encher muito com as coisas. "Menino de grande lastro", me dizia um tio marinheiro, ainda na terceira série, quando os meninos maiores e mais fortes me gozavam por causa das lentes muito grossas e por causa do conteúdo da lancheira, caprichado, preparado por minha mãe.

O sinal fechado. Parei. De súbito, à minha frente, uma moto estacou. Na garupa, um sujeito me apontava uma arma. Levantei as mãos, por reflexo, como naqueles filmes americanos. Fui chamado de idiota com veemência. A carteira, idiota... a carteira!

Falei que não tinha. Saíra com pouco dinheiro de casa e sem documentos. Ele apontou a arma e puxou o gatilho na direção do meu peito. Pensei que fosse descarregá-la em mim, mas a arma engasgou. Puxou o saco da minha mão. O sujeito que estava dirigindo acelerou, e eles sumiram, na primeira esquina, à direita. Eu tremia. Tremia tanto que acabei me mijando de medo e susto. Minha calça comprida denunciava o despreparo para uma situação como essa. Sentei-me no cordão da calçada, branco de cal, coloquei os pés no asfalto, como um pescador que busca o sossego dos pés, no córrego frio, repleto de lambaris.

Estava atônito, completamente sem ação. Passei as mãos úmidas e geladas pelos cabelos. Num impulso, levantei-me. Enfiei uma das mãos no bolso e percebi a nota. Puxei cinco reais. Encaminhei-me, novamente, em direção ao posto. O frentista conhecido me viu, pálido, entrando, e percebeu que eu não estava bem. Aproximou-se e viu a mancha úmida de urina se destacando na calça.

— Você está bem?

— Estou mais ou menos... é que fui assaltado, ali na frente... ainda agorinha.

Ele me conseguiu um tamborete, onde me sentei, e correu para buscar um copo com água.

Cabeça levantada, avistei a moto que adentra o posto. Um sujeito guiando e o outro, na garupa. Nas mãos do carona, dentro do saco, a minha caixa de bombons. Passaram por mim, entrando na loja de conveniência. Ouvi, lá de fora, a voz de comando propagada lá dentro:

— Isto é um assalto! Todo mundo calminho que ninguém se machuca!

Passaram por mim, carregando um maço de notas e atiraram na câmera que filmava o roubo. Finalmente funcionara. Arma em fim de carreira. Defeito ou ferrugem, na certa. Um deles me entregou a caixa de bombons, vazia. Montaram na moto e, antes de saírem, um deles me gritou:

— Que merda de bombom, hein, meu chapa... Eu prefiro branco.

Não adianta balançar; a última gota sempre cai na cueca

Rodoviária vazia.

Com a mochila às costas e uma mala com rodinhas, ele procura o primo que ficara de vir pegá-lo. Nenhum rosto conhecido. Da lanchonete aberta, chega-lhe o cheiro das coxinhas que acabavam de fritar. Entra, escolhe um banco e se senta.

Uma negra de ancas largas começa a encará-lo. Ele pede um pingado e um enroladinho de queijo.

É servido, e come com calma. O cansaço da viagem o prostrara. De que adianta ar-condicionado? O ar-condicionado matou quarenta, em um açude, no Ceará. O ônibus caiu na água, e nem o motorista, nem os passageiros se salvaram. Vidros fechados e lacrados por causa do ar-condicionado.

Funga, e do seu nariz começa a descer uma coriza clara. Pega um guardanapo assoa-se, amassa e joga o papel úmido no lixo. "Essa rinite não me larga".

A negra se aproxima.

— Faz inalação com folha de eucalipto e uma pitadinha de sal que é bom. Seca tudo.

Agradece a receita com um sorriso.

— Que tal um programinha?

— Você é muito bonita, mas estou esperando o meu primo. Daqui a pouquinho ele deve estar chegando. E toma um gole do pingado.

— Mas dá tempo. Vamos ali num quartinho, na pensão, e já voltamos. Ela mexe as coxas grossas e torneadas em direção a ele.

— Fica para a próxima, infelizmente.

A moça, resignada, volta para o seu lugar. Senta-se junto à ponta do balcão e come um pedaço de misto quente.

Ao olhar o rapaz que o atendera, percebe o quanto ele é cinematográfico. A queixada larga e protuberante, os olhos vítreos, muito azuis. Um autêntico homem primitivo, garimpado por Jean Jacques Annaud. Na mira dos seus olhos, o rapaz começa a incomodar-se. Escuta-o pedir ao patrão para ficar um pouco na cozinha. Como o primo não chega, resolve pedir mais comida.

— Por favor, outro pingado e um misto quente.

O patrão grita:

— Sai um pingado e um misto quente!

Na janelinha que dá acesso à cozinha, aparece o rapaz.

Os olhos dos dois se encontram e, dessa vez, o rapaz sustenta. Enfrenta-o de uma forma incisiva e corajosa Sorri, enquanto espera o pedido.

— Figura interessante. Tem potencial.

Não dá dois minutos chega seu pedido.

— Rápido. Gostei da eficiência.

O patrão, e não se sabe se dono, agradece.

O misto está uma delícia. Queijo prato derretido, dentro da validade, presunto com cheirinho de menos de uma semana. Perdera um amigo por causa de maionese vencida e presunto em decomposição. Um ator que encenava uma remontagem do *Mágico de Oz*, em São

Paulo. Logo o melhor. Logo o leão medroso. Comera, e a intoxicação alimentar levou-o em menos de dois dias. Impressionante como dois dias mudam a vida de uma pessoa. "Na verdade, alguns segundos podem mudar completamente e para sempre" — pensou.

O segundo pingado está ainda mais gostoso do que o primeiro. Gosta assim: mais escuro, com um pouco mais de café. Pingado que disfarce, lá no fundo, o gosto do leite. Leite é bom, mas precisa ser complementado com alguma coisa. Com chocolate, com café, com bananas e mamão que se transformam em vitamina.

A moça negra vai embora. Garota de programa, depois de trinta e seis horas de viagem, somente um herói Marvel para encarar. Tem de ser um Homem de Ferro, um *Tony Stark*. "Tony Stark tira a onda de que é cientista espacial" — falou sozinho e à meia altura.

O patrão aproxima-se.

— O senhor pediu alguma coisa?

— Não, obrigado. Estava falando sozinho.

Porto Alegre. Capital gaúcha. Rodoviária arredondada. De um lado, os ônibus que partem e chegam dos municípios, do outro, os que chegam e partem para outros estados. Arredondada. Muita gente bonita. Geralmente, em rodoviária, não repara muito nas pessoas, mas aqui é diferente. Umas alemoas gostosas, umas pequenininhas sugestivas, umas grandonas com jeitão de serem encardidas, na cama.

Pensou, em voz alta: "Se o meu primo não chega, pego um ônibus. Eu é que não pago táxi. Aqui, até que é barato, mas o meu sotaque pode, facilmente, me levar para a bandeira dois ou três".

Pagou, colocando o dinheiro no balcão.

"Deve ter acontecido alguma coisa. O carro pifou, a tia pode ter tido um problema derivado do diabetes e, como eu estava na estrada e sem celular, não tiveram como me avisar".

Procurou um banheiro. Está apertado. Acha uma placa que sustenta um bonequinho com cartola: masculino. Um cartaz, em cartolina amarela, disposto em cima de uma mesa, define o preço de cinqüenta centavos.

— Cinqüenta centavos para mijar? — pergunta, irritado, para o servente.

— Para cagar e tomar banho, também. Pode fazer tudo isso se você quiser!

O outro servente, um senhor desdentado que passa um desinfetante no chão, dá uma sonora gargalhada.

Paga os cinqüenta centavos estipulados e livra o acesso. Tudo muito limpo. Coloca a mala e a mochila em um canto.

— Ninguém rouba, não?

— Eu, não — responde o mesmo servente.

E o senhor desdentado emenda a primeira gargalhada com a segunda.

Aproxima-se do mijadouro. Abre a braguilha e procura o sexo murcho que canaliza o alívio.

Sente uma cutucada, atrás, no ombro. Vira-se. É o rapaz da lanchonete.

— Ô, cara por que tu ficavas me olhando daquele jeito? Tu és veado?

Desconcertado, ele vira-se para frente e começa a liberar o líquido amarelo.

— Não sou veado, não. É que te achei parecido com um ator de cinema que eu gosto.

Incrédulo, o rapaz o enfrenta.

— Parecido com um ator de cinema, eu?! Tu tá gozando da minha cara? Com que ator de cinema eu pareço, com esta queixada enorme, aqui, ó? — e aponta o queixo protuberante — Com o Brad Pitt? Com o Tom Hanks?

Enquanto mija, sorri.

— Com o Ron Perlman. Você se parece com o Ron Perlman.

— Ron o quê? Quem é esse cara? Que filme ele fez?

— Ele fez *A guerra do fogo*. Fez outro, com aqueles diretores franceses do *Delicatessen*. O mais recente foi o *Círculo de fogo*.

O rapaz se acalma.

— A guerra do fogo. Ele trabalhou no *A guerra do fogo*. É aquele com aqueles homens que moravam nas cavernas?

— Esse mesmo.

Acalma-se de vez.

— Assisti a esse filme quando fazia a sétima série. A professora falava de índios, de nomadismo, de sedentarismo, de paleolítico, de neolítico, dos primeiros povos que devem ter povoado a América. No final da explicação, acabou passando esse filme. Levou três aulas pra terminar. Me lembro até hoje. Depois, a turma realizou um debate.

Enquanto alivia a bexiga dá, baixinho, um guincho de prazer.

— Mas esse tal de Ron Perlman não é um cara muito bagaceiro?

Bexiga ainda se aliviando.

— Ele não é dos principais. Sempre coadjuvante. Mas deixa sua marca.

— Naquele filme, ele tá bem feio.

— Maquiagem. O cara não é tão feio, assim. Como é que ele vai fazer o papel de um *Homem de Neanderthal*, sem capricharem na queixada, naqueles cabelos compridos desgrenhados, naquele crânio saltado acima dos olhos?

O rapaz pensa e pergunta:

— Eu sou tão feio assim?

— Isso, eu não posso lhe responder. Você precisa perguntar para sua namorada. Nunca fui de achar homem bonito.

— Eu não tenho namorada.

— Mas pinta. Mulher é o que não falta.

Balança o sexo murcho, de um lado para o outro. Força-lhe o prepúcio para baixo e guarda-o dentro da calça. Levanta o zíper e abotoa o único botão de ferro. Sente que um último e volumoso pingo molhara sua cueca. Mililitros de xixi, derradeiros, umedecem a roupa de baixo, de dez entre dez meninos e homens.

"Que droga, não adianta balançar, a última gota sempre cai na cueca" — concluiu, para si.

Lava as mãos na pia, com um sabão líquido cor-de-rosa. Esfrega-as e seca-as em um aparelhinho que solta um bafo quente. Pega a mala com rodinhas, depois de afixar a mochila às costas. O rapaz segue-o, de perto. À saída do banheiro, o servente mais novo comenta:

— Só xixi? Não quis dar uma cagadinha e depois tomar um banho pra fazer valer os teus cinqüenta centavos?

O servente mais velho e desdentado dá uma gargalhada tão intensa que lhe falta o ar.

— Esse guri é engraçado demais. Ainda acaba me matando, completa.

Não dá bola. Sai puxando a mala pela alça, equilibrada, sempre, pelas rodinhas. A mochila não lhe pesa. Apenas escova, pasta e fio dental em um saquinho. Um livro de contos com poucas páginas, o seu tocador de cedês, portátil, e alguns poucos discos.

O rapaz acompanha-o até à parada do ônibus. Antes de entrar no veículo, entrega-lhe um cartão. Conhece um diretor de cinema, na cidade, que pode ajudá-lo.

— Vai dar certo, Ron. Você vai virar ator.

— Meu nome é Zigfried.

— Tudo bem, Zig. Você vai virar ator. E parte.

Meu tio é um bebum

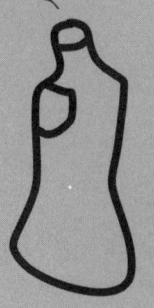

Há três anos, meu tio começou a beber.

Até então nunca tinha colocado uma gota sequer, de álcool, na boca. Deu para beber, depois que a mulher pediu a separação e ficou com tudo dele: casa, carro, telefone, terrenos, pensão alimentícia de cinco salários mínimos e o pior: com os filhos, no caso, meus primos. Sem dinheiro, pediu abrigo na casa da minha mãe, ela, que me teve solteira e que nunca quis que eu conhecesse meu pai.

Quase todo os dias, no final da tarde, lá ia, eu, atrás do meu tio, para descobrir em qual boteco ele se encontrava. Era fácil. No comércio local, existiam somente dois de que ele gostava. O bar Cavalo negro e o Botequim do Tonhão. O Botequim do Tonhão era mais sujo, descuidado. O Cavalo negro tentava se aproximar desses barzinhos da moda onde gatinhas e gatinhos gostam de se encontrar. Eu chegava e ia direto até à sua mesa e pedia com jeitinho:

— Tio, vamos embora, o senhor já bebeu demais.

Às vezes, ele apenas grunhia e nem me olhava. Em outras, apertava a minha mão e me pedia:

— Me leva para casa!

Os outros bebuns aproveitavam-se dele, pois sabiam que ele tinha conta e crédito. Diplomata aposentado, ainda ganhava bem, apesar de a mulher ter-lhe tomado tudo. Havia se casado com mais de cinqüenta anos. Sempre tivera muitas mulheres, apenas a última, sua esposa, é que o teve por mais tempo: doze anos.

Cenas que davam dó.

O homem fora adido cultural em Bruxelas, representara o Brasil em cidades como Nova Deli, cidade do México e Barcelona. E agora? Agora, ali, sentado em um boteco infecto, rodeado de bebuns.

— Tio, vamos para casa...

Ele me estendia a mão, levantava-se com a minha ajuda e saíamos os dois, ele, cambaleante, e eu fazendo um esforço que excedia meu porte físico de rapaz de quinze anos, não atleta. Comecei até a praticar esporte, depois disso. Encarei aulas de caratê e musculação. Em meio ano, eu praticamente já carregava meu tio, sem esforço, até nossa casa.

Como eu estudava pela manhã e minha mãe trabalhava o dia inteiro, à tarde eu ia pegá-lo no bar, trazia-o para casa, tirava-lhe a roupa, colocava-o sentado em um banquinho de plástico, debaixo da ducha gelada, depois lhe preparava um café, fazia com que o bebesse e colocava-o na cama.

Certo dia, domingo, não foi ao bar. Ficou em casa, sóbrio, de papo com a minha mãe, apesar de a bebida ter-lhe impregnado o odor corpo e as feições. Abriram álbuns antigos e reviram fotos de quando eram crianças. Viagens com meus avós para a praia. Poses debochadas no parque de diversões em comilanças de maçãs do amor e de pavor na saída do trem fantasma. Falaram e riram tanto que acabaram cansados e em silêncio.

Ela foi a primeira a quebrá-lo:

— Você vai acabar morrendo. Poderia maneirar na bebida. Por que não procura aos alcoólicos anônimos? Peça ajuda, meu irmão!

Ele tentou mudar de assunto, mas não conseguiu.

— Se você quiser continuar aqui em casa, a condição é essa. Sinto muito, mas você precisa de ajuda. Não dá mais. Todo dia no bar, no bar, no bar. Você está de sociedade com a sarjeta? Meu filho não pode viver a caçá-lo em botecos por anos a fio. O menino precisa estudar. Além das tarefas de casa e da escola, o vestibular se aproxima e ele precisa de paz, de tranqüilidade. Bem... Procurei descobrir, e o telefone está aqui. Ligue para os alcoólicos.

Desta feita, o silêncio foi gélido, atordoante. Nervoso, ele quebrava palitos de dentes em cima da toalha bordada. Ela estendeu-lhe um papelzinho retirado do bloco de anotações. As mãos dele fecharam-se em um punho ao pegá-lo.

Depois desse episódio, alguns dias nasceram e morreram, sem nada novo, até que um dia ouvi, sem querer, sua conversa ao telefone. Ele iria, mesmo. No dia marcado, arrumou-se todo, passou perfume, colocou terno, gravata, sapato lustrado. Tudo para ir apresentável ao encontro com os alcoólicos anônimos.

Não sei por que fiz isso, mas resolvi segui-lo. Quando ele entrou no ônibus, entrei junto e me escondi atrás de uma senhora muito gorda. Ele sentou-se lá na frente, e fui disfarçado, atrás. Olhei ao redor. Pessoas na volta do trabalho e muitas, da minha idade, no retorno do colégio.

Levantou-se, puxou a corda do sinal, e fiquei a postos. Desceu. Foi um sufoco para eu conseguir passar pelo corredor do ônibus lotado. Desci junto, segundos depois.

— Você acha que não o estou enxergando, me seguindo?

Virou-se em um rompante:

— Para quê? Para ver se vou, mesmo, à reunião?

Descoberto, emudeci.

— Vamos comigo, então. Vamos à tal reunião.

No caminho, tomamos um sorvete natural. Apesar de começar a anoitecer, o dia estava quente, abafado. Pedi de pistache, ele, de baunilha. Nunca me deixou pagar nada. Estendeu a cédula, pegou o troco e continuamos.

Mais uns cinco minutos de caminhada e chegamos. Lugar simples. Uma escada que levava ao primeiro andar. Tudo muito limpo. Paredes e cadeiras pintadas de branco como em uma enfermaria. Uma pintura de Jesus Cristo, dessas de feira, adornava a parede atrás da recepcionista. Rosto angelical, um coração vermelho aveludado saltando-lhe do peito protegido por suas mãos postas.

Não pude entrar. Eles dão depoimentos. Um momento só deles, entre eles. Os parentes têm um acompanhamento psicológico à parte, e marquei um horário para ir com a minha mãe. Esperei na ante-sala, lendo uma revista. Uma hora depois, ele saiu. Conversava com uma moça bem mais nova e muito bonita. Eles trocaram olhares e telefones.

Parecia feliz. Deu-me um tapinha no ombro e me chamou.

— Vamos?

Depois desse dia, como por encanto, as coisas foram de mais ou menos, para muito melhor. Comecei a ter tempo para estudar inglês, melhorei em matemática e pude me concentrar nas leituras dos romances de aventura e policiais que gostava. Robert Louis Stevenson, Georges Simenon, Edgar Wallace.

Pude voltar à companhia do inspetor Maigret, aos piratas da ilha do tesouro e aos horrores do doutor Jekyll e mister Hyde. Companhias melhores do que a convivência forçada com a sociedade remida dos botecos. Sociedade, até então, vivenciada por nós, os parentes náufragos, cercados por litros e mais litros de cevadas e destilados.

Gradativa, mas constantemente, seu ritual foi aos poucos se modificando. Duas vezes por semana, arrumava-se, perfumava-se e saía. Nunca mais o segui. Não era preciso. Sabia que estava indo ao

AA. Volta e meia, surpreendia-o em frente ao espelho, de prosa com sua imagem.

— Por hoje, e só por hoje, eu não bebi. Faz duas semanas que não coloco nenhuma gota de álcool na boca.

Ele mesmo aplaudia, solitário e risonho, a pequena vitória cotidiana.

Foram várias as vezes que o surpreendi: "Por hoje, e só por hoje, eu não bebi. Faz exatamente dois meses que não coloco nenhuma gota de álcool na boca. Absolutamente, nada! Nem licor, nem cerveja, nem vodca, nem cachaça. Nada!". E os aplausos aumentavam de intensidade, como um Caruso em apoteótica pós-dó-de-peito.

Certa vez, na cozinha, enquanto comíamos uma broa de milho e tomávamos café, ele me disse que estava de namoro e me deu a ficha completa dela, sem que eu pedisse. Chamava-se Maria. Era atendente no balcão de uma empresa aérea localizada no aeroporto. Trinta e cinco anos, separada, dois filhos, João Ricardo e Maria Rita. Ela, com sete, e ele, com seis anos.

Não resisti e sorri.

— Então, João e Maria entraram agora na sua história, para fazer com que o senhor se encontre na floresta escura com bússola e norte. Estão distribuindo pedacinhos de pão pelo caminho para que o senhor não se perca mais?

Ele deu uma gargalhada. Não tinha se atentado para o detalhe.

— Você tem razão. Tal qual a fábula infantil, as crianças chamam-se João e Maria.

— E a moça, onde o senhor a conheceu?

— Você a viu naquele dia em que me seguiu. Ela também freqüenta o AA. Teve problemas sérios com a bebida e quase perdeu o emprego, mas teve adiadas todas as possíveis promoções. Obrigou-se a tomar uma atitude.

Broa deliciosa, café quente, papo gostoso.

Uma pessoa amada, sóbria, feliz, com novos sonhos e projetos. Existe algo melhor? Só se for com a gente mesmo. Fiquei aliviado por ele e muito por mim. Meu tempo, meu humor também foram lá para cima. Eu sorria mais, fiquei mais tolerante em tudo e com todos. Esperava nas filas dos bancos, para pagar as contas da minha mãe, sem reclamar. Ia buscar leite e pão na padaria, de manhã cedo, de bom grado. Parei de beber junto com o meu tio. Já não me embriagava mais por tabela. Meu tio, que era um bebum, aos poucos deixava de sê-lo. Meus colegas de prédio não me gozavam mais e os vizinhos não me olhavam mais com pena e nem ao meu tio, com desprezo.

Continuei a surpreendê-lo frente ao espelho: "Hoje faz exatamente seis meses que não coloco nenhuma gota de álcool na boca. Por hoje, e só por hoje, eu não bebi! Não bebi nada! Bebi apenas café, suco, chá, água. Nada de pinga, cerveja, chope, vodca, tequila, Martini, Cinzano, Campari, licor de jenipapo, de hortelã ou do quer que seja. Nada! Por hoje, e só por hoje, estou sóbrio!". E se aplaudia, esfuziante, como em um show de rock. Um Freddie Mercury em We are the champions, um ser único e especial, um ET de David Bowie em Starman.

Mas o diabo está aí mesmo, à solta, e as tentações existem para nos porem à prova, que pode vir com gosto amargo, ou doce, mas vem.

Dia desses, tocaram a campainha com insistência, e fui atender.

Abri a porta, e era o Tonhão, mais uma comitiva de bebuns, todos sócios remidos do seu boteco. Ao todo, eram cinco. Tonhão, Zé Catraca, dono do bicicletário; Paulo Criolo, sargento na reserva; Miguelim, dono de fazenda no interior de Minas, e Fuinha, de quem ninguém sabia nada.

Tonhão foi se apossando da palavra.

— Por favor, seu tio...

— O que vocês querem?

— Falar com o seu tio!

Pensei a mentira, muito rapidamente.

— Ele não está!

Os cinco entreolharam-se, desconfiados.

— Mas Severino, o porteiro, falou que não o viu sair.

A mentira teve uma perna mais curta que o normal. Meu tio abriu a porta do quarto e apareceu no corredor.

— Quem é?

— Somos nós, seus amigos: Tonhão, Zé Catraca, Paulo Criolo, Miguelim e Fuinha.

Meu tio plantou-se frente à soleira. Os outros me olhavam com reprovação.

Mas, rapaz, o que aconteceu com você? Sumiu lá do bar. Estávamos preocupados. Sua cadeira e seu copo de estimação estão lá, à sua espera! — disse Tonhão, em um só fôlego.

— Pois é, rapazim. Tamo sentino farta da sua presença pagano aquelas rodada de pinguinha da boa para nóis. Ocê sumiu mêsss... Côndo é que ocê vai aparecê dinovo? — arrematou Miguelim.

Meu tio ficou mudo, pálido. Tentou desconversar, mas não deu. Eles foram envolvendo-o e puxando-o para fora de casa. Foi saindo do jeito que estava, de chinelos, bermuda e camiseta surrada. Percebi que tentava desvencilhar-se, mas eles iam apertando-o como uma sucuri quando apanha um novilho desatento. Meu tio estava no abraço da cobra de cinco cabeças e dez mãos. Virou presa, mais uma vez.

Resolvi ir atrás. Eles andavam rapidamente, e tive de acelerar. Em menos de cinco minutos, entraram no boteco. Tonhão correu para trás do balcão, vestiu seu avental encardido que o protegia contra o óleo reutilizado em torresmos e batatas fritas. Sacou da prateleira uma garrafa de pinga e serviu uma dose para o meu tio. Os outros quatro davam-lhe tapinhas amigáveis de Judas e Calabar, nas costas.

— Bebe aí... Para comemorar a sua volta ao seio da nossa patota!

Colei-me ao balcão e fiquei entre meu tio e o copo.

— Tio, por favor, vamos embora. Não vamos começar tudo novamente...

Ele me olhou em desespero. Parecia sem forças, depois que sentira o cheiro da bebida. Todo o bar propagava birita. Os corpos dos homens suados, o chão oleoso, as prateleiras repletas de garrafas e os pequenos tonéis.

— Sai para lá e deixa o seu tio em paz, garoto — arrematou Fuinha, empurrando-me para o lado.

Foi aí que percebi o quanto o caratê e a musculação haviam me transformado, fisicamente. Apliquei um golpe certeiro na nuca do Fuinha que desabou no chão, desacordado.

Os outros quatro olharam-me com pavor. Tonhão, preocupado, deu a volta ao balcão, com um saco repleto de cubos de gelo mineral, enquanto os outros quatro abriam caminho. Saí, conduzindo meu tio pela mão.

Não olhamos para trás, mas pude ouvir que Tonhão não fechava a matraca.

— Caramba, o garoto é perigoso! Acho que isso foi um golpe de caratê. Calma, calma! O Fuinha não tá morto, não. Tá só desacordado. Ele já tá voltando a si. Olha só...

Como o caçador que procurou e achou João e Maria, forcei e consegui o resgate, até aqui, são e salvo.

Tonhão deveria ser a bruxa-mor com seus feitiços e artimanhas. No lugar de confeitos, destilaria. No lugar de doces, torresmos. No lugar de bolos e tortas, frango oleoso à passarinho, com óleo reutilizado.

Tonhão e sua comitiva nunca mais apareceram lá em casa.

Volta e meia, encontro Fuinha, quando vou à padaria ou ao barbeiro. E dele, de quem ninguém sabe nada, soube-se que morria de medo de mim. Ele me vê, baixa a cabeça e muda o trajeto.

Ponte dos Remédios

Descrente da vida, empoleirou-se na beirada da ponte. O nome oficial desta era J.K., em homenagem ao presidente idealizador de Brasília, mas o povo a chamava de Ponte dos Remédios.

O Ministério Público havia comprovado irregularidades, na gestão da saúde. Procuradores da República descobriram que verbas que, normalmente, durariam um ano, em três meses se exauriam. Tudo canalizado para concluir a obra da Ponte dos Remédios.

Mas, voltando...

Descrente da vida, ele apropriara-se de uma beirada.

Um amigo, físico, havia lhe dito que uma queda em vão livre, de um homem de oitenta quilos, de uma altura de quarenta metros, a uma velocidade de duzentos e vinte quilômetros, por hora, gera um impacto, na água, de mil e duzentos quilos, aproximadamente. Isso ele não sabia se era verdade. Nunca fora íntimo das disciplinas que envolvessem cálculos. Gostava, mesmo, de Geografia. Sonhos de conhecer outros lugares, outros continentes, países, capitais, costumes, culturas. "Sonho meu", pensava, como aquela música cantada pela Maria Bethânia. Nunca concretizou nenhum. Sempre faltou dinheiro. O máximo que conseguiu proporcionar à sua família, foi um período de férias, nas praias de Guarapari e Cabo Frio. Agora, sem família, empoleirava-se.

A mulher o havia trocado por um professor, quando fizera doutorado, nos Estados Unidos. Não conseguira licença para acompanhá-la, mesmo que de forma não-remunerada. Ficaram dois anos, falando-se somente por telefone e cartas, e deu no que deu: ela arrumou outro.

Ele lembra bem das brincadeiras que fazia:

— Doutora, qual será sua especialidade? Obstetrícia? Urologia? Geriatria?

Ela fechava a cara. O curso era na área de marketing, e ele fazendo trocadilhos com o título de doutora.

Ela ficara com a guarda do menor, e ele com a do maiorzinho que, agora, jazia a sete palmos, debaixo da terra.

Entrara na fila da cirurgia cardíaca, mas não conseguira esperar. Mais de cem pessoas na frente. Os remédios que funcionavam como vasodilatadores, precisou comprá-los na rua das farmácias. O hospital possuía poucos leitos. Seu filho amontoado em uma enfermaria com mais de oitenta pessoas. Resistiu bem, durante uma semana, apesar da febre. Na sexta-feira passada, tivera uma parada fulminante.

Os médicos dessa fase, mais humanizada, olharam-no com pesar.

Tapinha nas costas e aquelas afirmações como:

— Fizemos o possível, mas o senhor bem vê que nos faltam condições.

Enterrou o filho, no sábado, onze da manhã.

Compareceram às cerimônias fúnebres os amiguinhos da escola, do bloco, do futsal.

Era um menino tranqüilo, bem-humorado. O pai não imaginava que ele tivesse tantos amigos e admiradoras. Menininhas de treze anos choravam, segurando um lencinho de papel. Os meninos rezaram o "pai nosso" e ficaram até ao final da missa realizada no velório. Todo mundo sabe que crianças odeiam dentistas e missa, mas elas agüentaram todo o sermão moroso e repetitivo do padre. Coroas de flores chegaram da direção pedagógica do curso de inglês e da escola particular. Nem todos os tranqüilos e bem-humorados possuem tantos afetos.

Ele mesmo perdeu sua mulher para um professor do doutorado dela.

Foi necessário ligar, contando o óbito. Ela chorou muito e pareceu realmente abalada. Seu outro filho falou-lhe, rapidamente, desejando força e tudo de bom, em um português afetado pelo sotaque inglês de Nova Iorque. Antes de desligar, Robert quis dar-lhe uma palavrinha. Entendeu alguma coisa entre o pesar e a vida continua. Palavras como Shining, death e hope ficaram ecoando em sua cabeça.

O seu inglês, do segundo grau, não fazia mais efeito.

Despediram-se, polidamente, cada qual em seu respectivo idioma.

Conversando com o professor do doutorado, que agora vivia com a sua mulher, sentiu-se ainda mais vazio por dentro. Uma sensação finita de missão cumprida começou a tomar-lhe idéias e membros. Foi assim que, dias depois, pegou o carro e dirigiu-se até à ponte. A ponte que, no ano passado, orgulhosamente, divulgou-se pela mídia, fora escolhida por arquitetos do mundo todo como a mais bonita.

Temos a ponte mais bonita do mundo, enquanto as filas dos hospitais quadruplicam. Enquanto as pessoas morrem por falta de hemodiálise e de cirurgias cardíacas.

Um vão de pouco mais de oitenta metros. Três arcos, tais quais bambolês gigantes, adornando-a, ao longo do trajeto. O lago Paranoá, adormecido, silencioso, parece admirá-la. A água admira a obra. Carros indo e vindo, nos dois sentidos. Andorinhas, garças e mergulhões celebram a mesa farta, capturando, em seus rasantes, tilápias desavisadas.

Mês de fevereiro. De carnaval nos clubes, dos blocos sem graça e das escolas de samba paupérrimas. As chuvas começam a escassear, e as pessoas a retornar para a cidade que, no mês anterior, esteve deserta.

O céu, aberto, límpido, luminoso demais, reaparece, lentamente.

Pensar na vida é sempre uma alternativa filosófica. "Pensar na vida, empoleirado, a um passo da morte, torna-a mais reflexiva, ainda. Assume a auréola de minutos, de segundos derradeiros" – pensou. "Não há tempo para extrema-unção, para carpideiras azucrinando os ouvidos, para amigos com olhares tristonhos, no teu leito de morte."

Ao fundo, as casas do Lago Sul.

Como existe gente que tem muito e uma verdadeira horda que nada possui! A maior concentração de piscinas do mundo, depois de Beverly Hills, fica aqui. Cloro, corpos malhados e refrescados "pós-piscineiros", enquanto o churrasco queima na grelha. Uísque com e sem gelo. Folclórica riqueza da capital do poder.

Não percebeu quando a policia chegou.

Estacionaram o carro, longe, e vieram, silenciosamente e à paisana, imitando os ricaços que praticam o cooper. Um cabo, vestindo um moletom cinza, deu-lhe uma gravata e puxou-o para trás. O sargento que usava camiseta regata mostrando os músculos torneados, dos ombros e do peito, ajudou a imobilizá-lo.

Não emitiu um som.

O fato é que já estava meio desmotivado a pular.

Estava tentado a usar o número do cartão que a mãe de um dos amiguinhos do filho lhe dera, no enterro. Mulher morena, alta, lábios carnudos, boca convidativa, calça de lycra preta realçando uma bunda empinada. E o melhor de tudo: viúva.

— Se você precisar bater um papinho é só me ligar. Eu sei bem o que é isso. Já perdi um filho também!

Imobilizado por algemas, no banco traseiro da viatura, enquanto era levado, admirou outra vez a bela ponte com seus três arcos cinza e parapeito de aço. Realizou cálculos, numa silenciosa operação matemática. Queria descobrir quanto equipamento médico poderia ser comprado, quantos médicos poderiam ser mais bem-remunerados, quantos remédios poderiam ser comprados e quantas cirurgias seriam realizadas com o dinheiro empregado nessa ponte.

Como em um delírio provocado por alucinógenos, imaginou cada metro quadrado de concreto transformando-se em anticoagulantes, cada viga de aço metamorfoseada em anti-histamínicos, cada poste de iluminação virado em antibióticos.

Macabéo

Como diretor do DCE, estava cansado

de defender as minorias curdas, palestinas, armênias, kosovares, butanesas, jamaicanas, pecebistas, tutsis, amazonenses, árabes e tocantinenses: pedintes, menores e flanelinhas. Estava de saco cheio de procurar compreender e relevar minorias negras, mulatas, pardas, homossexuais e judias empobrecidas; de cutucar as maiorias anglo-saxônicas, muçulmanas, hindus, paulistanas, cariocas, mineiras, estadunidenses, gaulesas, germânicas, hutus, nazistas, fascistas, neoliberais, petistas, pefelistas e peemedebistas.

Por essas e outras, entregava o cargo. Pensava: "Agora, vou cuidar de mim. Sair mais, pegar um cinema, escutar os cedês que comprei e que ainda não ouvi. Nada de reuniões intermináveis, sábados à tarde, para discutir o apoio ao comandante zapatista Marcos, ou a necessidade de uma cruzada mundial pró-libertação do Nepal e da Chechênia".

Isso não lhe interessava mais. Falava baixinho, consigo: "Agora vou cuidar de mim. Arrumar uma namorada, ficar em casa assistindo a uma fita no vídeo, comendo pipoca e tomando guaraná. Vou ler todos os livros que costumo citar, mas dos quais só li as orelhas. A propriedade é um roubo, de Proudhon, o Manifesto Comunista, de Marx e Engels, A revolução dos bichos, de Orwell, Germinal, de Zola, A cidade do sol, de Campanela, e Utopia, de Morus. Chega de ignorância."

Cansara dos achismos e de ficar enrolando sobre o que não sabia. De ficar tirando onda numa cidade sem praia. Iria atrás dos filmes a que não assistira. Os filmes do Cinema Novo, do Realismo Italiano, até mesmo, rever Chaplin, Buster Keaton e Harold Loyd. Glauber e De Sica, vejam só que pecado, conhecia de nome, apenas.

Continuou falando bem baixinho, sem ninguém por perto: "Minha vida, meus sábados, domingos, feriados sempre foram para as proveitosas reuniões do DCE. Sem tempo livre, sem poder assistir às comédias que eu adoro. Qualquer uma: do besteirol de Mel Brooks, Blake Edwards e Renato Aragão até o humor mais sofisticado do grupo inglês Monty Pithon."

Sempre gostara de rir, de não perder uma piada, mesmo perdendo um amigo.

Andava triste, amargo, cansado. Nem ele nem seus pais o reconheciam mais. Havia, momentaneamente, se transformado em outro. Tudo por essa mania de querer reformar o mundo, mudando-o, segundo pensava, para melhor.

Durante os últimos anos, somente política, engajamento e discussões acaloradas. Sem amenidades. Beijara muito poucas bocas, afagara muito poucos cabelos, confessara muito poucos desejos. Mas, agora, tudo mudaria. Seria um novo homem. Um homem mais egoísta. A terapia o ensinara a ser mais ele, a voltar-se para o seu próprio umbigo. Sentiu-se numa passagem da idade medieval para a moderna. O deus político do engajamento ficara para trás, em suas prioridades. O humanismo de viver sua vida deixara, no passado, o teocentrismo da preocupação, de se estar inteirado das necessidades dos outros.

Mas, a tudo isso, dava graças a Deus. Graças a Deus e a si mesmo. Afinal, sem ajudá-lo não se faz nem se resolve coisa alguma. E lá estava ele sendo teocêntrico, de novo, mas não se rompe com tudo, assim, de uma hora para outra, pensou.

Expôs o que sentia, na reunião de sábado, sempre das quatorze às dezoito. Enquanto falava, os colegas entravam num estado de incredulidade perpétua, de perplexidade corrosiva.

O Guevarinha mexeu no cavanhaque ralo e bateu na mesa, chamando-o de traidor, de burguês infiltrado no DCE para desestabilizá-los. Fidelzinho comentou que ainda estávamos em processo revolucionário, e um tipo de atitude como esta só contribuía para o enfraquecimento das possibilidades de implemento do socialismo científico, na América Latina. Rosa de Luxemburgo abraçou Marx, seu namorado desde o último acampamento, em São Jorge, na Chapada dos Veadeiros, e chorou. Paulinho Prestes foi o mais comedido de todos e disse que ele saísse se era para o bem do companheiro. Quem sabe, chegara a hora de ele brilhar em outro lugar, em outros palcos, e causou comoção. Quem sabe, a sua estrela estava apontando na direção de outra constelação. O único a não se conter foi Guevarinha que saiu batendo porta e gritando estar cercado por espiões burgueses do imperialismo ianque.

Então, ele levantou-se, dirigiu-se à parede e foi catando seus cartazes das internacionais, seus pôsteres de cinema, suas fotos de Ho Chi Min, da Coluna Prestes e uma enorme de Corisco e Dadá, lado a lado, no meio da árida caatinga nordestina.

É isso. Sua vida deixava a aridez para trás. Um açude construído pela SUDENE da sua consciência o transportara, novamente, à irrigação da vida. "O cangaço na minha mente fica, apenas, como lembrança" – pensou com seus botões pregados numa camisa de algodão branca, sem nada escrito, que as volantes não iriam abatê-lo de tocaia, ao romper da aurora.

Já se sentia um novo homem. Um homem que deixa de ser menino e não deixa a vida levá-lo. Um homem que define seu destino, traçando planos, rompendo amarras, tomando decisões. Um homem semicompleto, de vinte e um anos.

Pegou seus livros de cima da mesa, abraçou os colegas, um por um.

– Adeus, companheiro. Segue teu rumo. Brilha em outras paragens – disse-lhe um Paulinho Prestes emocionado.

Quando tomou a rua e o ar brasiliense de um mês de abril úmido e chuvoso tocou-lhe o rosto, ele sorriu. Caindo para fora do muro de uma casa, buganvílias lindamente arroxeadas preencheram-lhe o raio de visão. O rasante de um beija-flor, junto ao eu ouvido, foi o prenúncio de que estava no caminho certo: da liberdade, do seu ritmo, do imprimir da sua própria velocidade.

Deu o sinal da vida, esticando a mão para atravessar na faixa de segurança, e tão embevecido estava que não percebeu que o caminhão não iria parar.

Escutou-se uma freada gritante e o barulho de garrafas desacomodadas nos engradados. Baque surdo. Ele sentiu uma pancada e, no instante seguinte, acomodara-se entre a rodas de um veiculo de duas toneladas e meia.

O motorista desceu apavorado, o cenho preocupado, crispando os cabelos grisalhos, em desespero. O guardinha apitava atrasado com estridência. O vendedor de churros veio correndo. Alunos desesperavam-se e pais que pagavam as mensalidades ligavam para ambulâncias, para o corpo de bombeiros. Todos ligavam para Deus em suas orações.

Guevarinha, que passava por ali, depois de consumir, num quiosque, um pastel de carne com caldo de cana, largou os livros e correu em direção à faixa.

Pegou o pulso que, gradativamente, diminuía. Tentou acomodar-lhe a cabeça no asfalto, tirando e usando seu próprio casaco como travesseiro.

Da boca, saía-lhe uma grande quantidade de sangue.

— Que droga, Engels. Que droga, meu amigo, ser atropelado por um caminhão da Coca-Cola, o líquido negro do imperialismo. Isso tem de ser um aviso. Tá vendo...

Engels abriu bem o olho esquerdo. O corpo retorcido, desmembrado, já não era mais o mesmo. Esperaria mais uma ou duas encarnações para voltar a ter algo parecido com a essência que deixava.

Deu um grande suspiro, e seu corpo secou. Aridez perpétua. Dentre os livros espalhados pela rua, aquele de Clarice Lispector, o único que lera no último mês. Os pôsteres voando, as fotos dispersas, a vida aniquilada, aumentando estatísticas.

Lavação de roupa suja eletrônica

De: Leonardo Silva < Leonardosilva@terra.com.br
Para: Gina Lima < Ginalollobrigida@uol.com.br
Enviada: domingo, 1 de fevereiro de 2004 18:33
Assunto: Terno

Gina

Peço-lhe, se for possível, que não rasgue o meu terno, não o queime, nem o jogue pela janela e nem o presenteie a um mendigo. Se você não me devolvê-lo, sabe que, tão cedo, não terei grana para comprar outro. Se puder fazer isso com a calça e a camisa social, também, eu agradeço. Quanto a nós, devo mesmo estar errado. Afinal, segundo sua versão, sempre estou errado.

Mande-me o número da sua conta bancária, porque irei depositar o seu dinheiro. Não quero você por aí, pela cidade, dizendo que pagou tudo em São Paulo e que eu mamei nas suas tetas, mesmo elas não sendo tão volumosas assim.

Fique com seus filhos tranqüilos, sua família de sucesso e sua profissão bem remunerada.

Não tem nada de seu, comigo. Portanto, não tem por que você me ligar ou querer manter contato.

Aliás, eu amo a minha família!

Leonardo

De: Gina Lima < Ginalollobrigida@terra.com.br
Para: Leonardo < Leonardosilva@terra.com.br
Enviada: segunda-feira, 2 de fevereiro de 2004 7:33
Assunto: Re: Terno

Leonardo

É uma pena você não perceber que não existem culpados por nossa história não ter dado certo. Simplesmente, nós não conseguimos mais conversar. É impossível discutirmos, de forma civilizada, qualquer tema, seja ele sobre política, cinema ou religião. Tudo se tornou motivo para bate-boca e falta de respeito. Eu quero alguém que me ame, que me valorize, que me ponha para cima. Quero me sentir bonita, querida, desejada. Com você, eu não consigo mais. São, somente, brigas e mais brigas. Nós gritamos um com o outro, e você ainda tem esse complexo de achar que os outros estão querendo humilhá-lo, que os outros se julgam melhores.

Vive na defensiva!

Eu, sinceramente, estou fora! E também dou graças a Deus por não ter de ser obrigada a conviver mais com a sua família. Nunca, na minha vida, conheci pessoas tão desagradáveis. Eu as detesto!

Pena. Eu acho que fui uma mulher incrível. Até vestibular para Jornalismo, na sua idade, você prestou e passou, graças à minha força. Depois comecei a dar aulas, lá, e, por ser professora na mesma faculdade, eu lhe consegui uma bolsa de cinqüenta por cento. Eu fui muito boa para você. Você andava distante do seu pai, nós conversamos e houve uma reaproximação, o carinho retornou.

Uma pena, você não ter valorizado isso.

Seja feliz

Gina

De: Leonardo Silva < leonardosilva@terra.com.br
Para: Gina< ginalollobrigida@uol.com.br
Enviada;   segunda-feira, 2 de fevereiro de 2004 23:15
Assunto: Re: Incrível

É, você foi mesmo incrível! Com você, fiz coisas que jamais imaginei. Por exemplo, dei-lhe uns tapas, depois que você me chamou de fracassado. Até então, eu nunca tinha agredido uma mulher. Com você, estreei. E suportar coisas? Falemos de suportar coisas. Você foi extremamente grosseira com o meu pai, quando ele a convidou para ir com ele comer jabuticaba na chácara. Lembra-se? Estava muito ocupada, com muitas provas para corrigir, muitos portifólios para avaliar, etc.

Chamou-me de fracassado, de professorzinho de ensino fundamental e médio e de lagartixa rastejante, quando eu fui atrás de você para lhe dizer que a amava e lhe pedir para conversarmos sobre a possibilidade de voltarmos. Chamou meu pai de molambento, porque ele era chacareiro e vivia sujo por mexer com terra e com galinhas, gansos e patos.

Jogou minhas roupas pela janela. Pelo menos, foi dentro de um saco, e elas não se espalharam pela rua. Imagine que sensação boa, ao vê-la jogando minhas roupas do terceiro andar do prédio, com muita gente passando na rua e me olhando com aquela cara de "Como você suporta isso?".

Tive de pagar duzentos reais pelo conserto da porta do seu carro, depois que perdi a cabeça e que a chutei, em uma de nossas "incríveis" discussões. Sem falar na vez que esvaziei os quatro pneus; nas noites maldormidas; nos telefonemas dados de madrugada, para brigarmos e, também, na síncope que tive, após uma de nossas inúmeras brigas. Lembra-se? Passei a freqüentar a Comunhão Espírita, e uma colega psiquiatra, que lá se encontrava, percebendo meu estado choroso, intermitente, levou-me para o seu consultório, me prescreveu quinze dias de licença e me receitou um remédio com tarja preta.

Falemos do quão incrível é o seu filho de treze anos, que não me deixa beijá-la, sem ficar por perto, como um sabujo fuçante e inconveniente. Seria um bom estudo de caso, ligado à psicologia. Esse, sim, é edipiano até à medula

Veja só quanta coisa incrivelmente sadia e interessante...

Leonardo

De:	Gina Lima < Ginalollobrigida@uol.com.br
Para:	Leonardo < leonardosilva@terra.com.br
Enviada:	terça-feira, 3 de fevereiro de 2004 6:45
Assunto:	Re: Incrível

Então, por que você ainda insiste para que fiquemos juntos? Sinceramente, eu não o entendo.

E quanto ao comentário que você fez sobre o Diego, continuo dizendo que isso é próprio da idade. Ele é adolescente, e você bem sabe o quanto esse período é problemático, mas não acho que ele seja tão diferente de outros por aí. Você sabe que ele faz terapia e que já melhorou muito.

Gina

De:	Leonardo < Leonardosilva@terra.com.br
Para:	Gina <Ginalollobrigida@uol.com.br
Enviada:	terça-feira, 3 de fevereiro de 2004 23: 25
Assunto:	Brincadeira...

Onde foi que você me viu pedindo para voltar? Está pirando, é?

Quer dizer então que o Diego melhorou?

Ele melhorou daquele chilique que teve, nas férias, quando fomos para a cama, no nosso primeiro dia na praia de São Vicente? E de quando você descobriu que ele havia escondido a chave da porta do nosso quarto, cortando a nossa privacidade, também melhorou? Acha, mesmo, que ele melhorou depois daquele dia que nos espiou pela fechadura, nos viu trepando e entrou em surto, gritando para o prédio todo que a mãe dele ia ter um filho?

Mas o nosso relacionamento, para uma coisa, serviu: se qualquer mulher, com quem eu me relacionar, tiver filho, eu caio fora! Bato uma punheta, mas não me envolvo. Não darei nem chance de descobrir se o filho dela é tão insuportavelmente inconveniente, chato e pegajoso quanto o seu.

Graças a Deus, eu estou fora!

Leonardo

De: Gina Lima   <Ginalollobrigida@uol.com.br
Para: Leonardo   < Leonardosilva@terra.com.br
Enviada: quarta-feira, 4 de fevereiro de 2004 7:05
Assunto: Re: Brincadeira

É um absurdo você falar assim do Diego.

Meu filho e minha filha sempre o trataram bem e foram muito legais com você, e é esse o seu pagamento, a sua retribuição, com esses comentários é que você me vem.

Eu sempre acompanhei você em tudo, mas agora fico feliz em saber que não precisamos mais conviver. Você é uma pessoa imatura, super-egoísta e que só pensa no próprio umbigo. Incapaz de me convidar para comer uma paella ou um sushi. Gasta todo o seu dinheiro com cedês, devedês e livros, e me deixa de lado. Todo o tempo, só sabe resmungar que está sem grana, que não pode viajar e todo aquele papo que já estou cansada de ouvir. Mas, dinheiro, para comprar o que compra, você tem!

Você é incapaz de administrar a sua vida, sozinho, e em tudo tem de meter a sua família. A sua mãe paga contas para você, o seu irmão consegue os mecânicos para arrumar o seu carro, a sua irmã quebra um monte de galhos, durante a semana. Por que deixar aquele monte de roupa na casa da sua mãe? Por que você não se muda definitivamente para a casa dela? Você é um garotão, um meninão de quarenta anos que ainda não cresceu, e eu nem sei se vai dar mais tempo...

Gina

De:	Leonardo Silva	< leonardosilva@terra.com.br
Para:	Gina Lima	< Ginalollobrigida@uol.com.br
Enviada:	quarta-feira, 4 de fevereiro de 2004 23:17	
Assunto:	Vade retro!	

Olha, você me chama de fracassado e depois diz que não quis dizer isso. Quis dizer que eu tenho "atitudes" de fracassado. Diferença semântica. Devem ser coisas de professor de ensino superior, com todos aqueles papos de mudanças de paradigmas que, no fundo, não leva a nada. Ninguém pesquisa nada, publica nada, ou ajuda as pessoas a comerem e a se vestirem. Viver encastelado deve ser triste. A comunidade pobre nem sabe que vocês existem.

Quanto ao meu gasto com cedês, devedês e livros, eu não me arrependo. Quando a relação termina – e nós já terminamos umas trinta vezes, ou mais – é com eles que eu me pego. Eles são companheiros que não me ofendem, não me destratam e estão sempre à mão. Quando me canso de um, eu simplesmente o guardo e vou tocando outro, de acordo com o meu humor e a minha disposição para o dia, para o momento. Com livros, já é diferente, mesmo achando que não vale muito a pena, eu costumo ir até ao fim, na leitura, como fiz com você, e deu no que deu. Na verdade, a despeito dos comentários dos meus amigos mais próximos e da minha família, eu sempre, e cegamente, achei que valia a pena. Acho-a uma mulher linda, batalhadora e, na cama, é aquela loucura. Essa coisa de pele, de olhar, de jeito não é com todo o mundo que bate.

Forcei a barra até entortá-la.

Você sempre soube que não tenho grana para ficar comendo, na rua, sushis e paellas, toda semana, e comida, em self service, você não encara. Então, fica difícil. E quando brigamos? O meu jeito é esse. Eu me enconcho, fico mau, choroso. Você, não! Coloca a sua bota preta e vai à luta, como diz. Vai para boates, sai com "amigos" e se envolve com eles. Toda vez que voltamos, você atende, pelo menos, uns três telefonemas de sujeitos diferentes, ao longo do dia, na minha frente.

Com você, são sempre ótimas as sensações.

A respeito da minha família, eu a amo muito. A minha mãe não paga conta para mim, não. Por ser idosa, ela não entra em fila. Eu dou o dinheiro, e ela, quando vai pagar as dela, de quebra, paga as minhas. Meu irmão mexe com compra e venda de carros e sabe quem vai e quem não vai me passar a perna nesse meio. Sempre me indica ou me leva para eletricistas e mecânicos honestos e que cobram bem menos que os preços de mercado. As roupas, deixo-as na minha mãe, porque moro longe e, antes de ir para a faculdade, passo por lá e tomo um providencial e necessário banho. Inacreditável, eu ter de lhe explicar isso. Você, mais do que ninguém, sabe que eu detesto me sentir sujo e que tomo, ao longo do dia, se puder, dois ou três banhos.

Quem teve pai alcoólatra que batia na mãe e espancava o irmão foi você. Você sofreu com AAS e ALANONS e quer que eu sorva a birita que a sua família foi obrigada a ingerir. Quer que eu tenha o mesmo tipo de relação que você teve com a sua. Eu estou fora! Amo a minha família e, se precisar me afastar dela para ficar com quer que seja, eu prefiro ficar sozinho. Minha família faz parte da minha história, da minha vida, do meu cotidiano e eu os amo muito e, partindo do princípio de que você a odeia, eu quero, sinceramente, que você siga o seu rumo e me deixe!

Leonardo

De: Gina Lima   < Ginalollobrigida@uol.com.br
Para: Leonardo Silva   < Leonardosilva@terra.com.br
Enviada: quinta-feira, 5 de fevereiro de 2004 5:33
Assunto: Re: Vade retro!

Vai ver se não consigo um cara melhor que você, que me valorize e não me exponha desse jeito.

Eu quero é distância da minha família. Eles têm a vida deles, e eu, a minha. Não preciso ficar todo dia passando na casa da minha mãe ou dos meus irmãos. Vemo-nos quando podemos. Em almoços e jantares pré-agendados ou em dias festivos como a Páscoa e o Natal. Não tenho essa necessidade de ficar todo o dia me esfregando na casa dos outros.

Para mim, o errado, o que não tem vida própria, nessa história, é você!

Você é um garoto que não cresceu!

Gina.

De: Leonardo Silva   < Leonardosilva@terra.com.br
Para: Gina   < Ginalollobrigida@uol.com.br
Enviada: quinta-feira, 5 de fevereiro de 2004 23:45
Assunto: Sai da minha aba!

Gina

Se você me acha um novo tipo de Peter Pan, por favor, me deixe em paz e encontre logo o seu alto executivo. Com o gênio que você tem e a falta de respeito homérica, eu duvido que o cara agüente muito tempo. Mas, afinal, não custa tentar. Pago-lhe a grana que lhe devo. Descobri, em uma das gavetas, o número da sua conta e, todo o mês, quando sair meu pagamento, eu depositarei uma parte.

Felicidades.

Ah... Não tem nada seu comigo, portanto, não tem porque me ligar ou continuar me mandando e-mails.

Leonardo.

De:	Gina Lima < Ginalollobrigida@uol.com.br
Para:	Leonardo < Leonardosilva@terra.com.br
Enviada:	sexta-feira, 6 de fevereiro de 2004 5:15
Assunto:	Vá a merda!

A vida vai lhe mostrar quem estava certo e quem estava errado! Vou passar, muito feliz, com um cara, na sua frente, para você ver! Que merda, esses anos que perdi com você! Não voltam mais, não posso mais voltar atrás. Foi uma droga.

Suma da minha vida. Eu não quero vê-lo nem pintado, seja de que cor for.

Vá a merda!!!

De:	Leonardo Silva < Leonardosilva@terra.com.br
Para:	Gina < Ginalollobrigida@uol.com.br
Enviada:	Sábado, 7 de fevereiro de 2004 11:47
Assunto:	Re: Vá à merda!

Ora! Não se esqueça de que eu também estou inserido nessa quantidade de anos perdidos! Já sumi! Então, paremos de mandar e-mails um para o outro.

Não precisa ir à merda, não!

Seja feliz e me esqueça!!!

Leonardo

De: Gina Lima < Ginalollobrigida@terra.com.br
Para: Leonardo < leonardosilva@terra.com.br
Enviada: sábado, 13 de março de 2004 6:45
Assunto: Discussão

Eu não sei para que serve a sua terapia. Essa sua terapeuta é mesmo uma porcaria. Você falou, prometeu-me que se afastaria da casa da sua mãe. Você me prometeu! Por que você não consegue uma terapeuta que preste? Ela mesma mora com os pais. Veja só que absurdo, uma mulher de quase trinta anos! Você é, mesmo, um mentiroso. Prometeu-me que seria diferente. Eu confiei em você, e deu no que deu.

Não quero vê-lo nunca mais!

Gina

De: Leonardo Silva   < leonardosilva@terra.com.br
Para: Gina < Ginalollobrigida@uol.com.br
Enviada: domingo, 14 de Março de 2004 9:30
Assunto: Re: Discussão

Primeiramente, olá!

Você fala comigo como se tivéssemos nos visto ainda ontem. Sabia que faz mais de um mês que não nos falamos?

Olhe, eu não fiz terapia para me afastar da minha família, mas, sim, porque nossa relação me deixou completamente desnorteado. Eu precisava, mesmo, de uma ajuda profissional. Não estava conseguindo me equilibrar sozinho, apenas com conversas em família e com os amigos. E mais: a Luíza é uma ótima terapeuta e me cobra barato. Não acho que preço seja atestado de qualidade. Quem faz a qualidade é o profissional, e ela é muito profissional, garanto-lhe. A terapeuta anterior estava me deixando mais pirado do que eu já era. A Luíza, aos poucos, me faz caminhar, me torna seguro, novamente. Se ela ainda mora com os pais, é um problema que não lhe diz respeito!

E outra: quem quer se afastar não fica mandando e-mail! Por favor, deixe as coisas rolarem. Você mesma foi quem falou para darmos um tempo. Que, depois de todo o sofrimento e a dor que a nossa relação gerou para nós e para os que nos amam, deveríamos nos afastar. Por que não tenta fazer isso?

Abraço e felicidades!

Leonardo

De:	Gina Lima < Ginalllobrigida@terra.com.br
Para:	Leonardo < Leonardosilva@terra.com.br
Enviada:	domingo, 15 de março de 2004 11:33
Assunto:	Contato!

Aposto que você já está com outra mulher...

Agora vem, todo zen-budismo, falar em separação, em darmos um tempo, em afastamento. E o tempo que você passou no meu pé? E o tempo que ficou atrás de mim, com promessas e presentinhos, flores, faixas afixadas na entrada da minha quadra, dizendo que me amava e que eu era a mulher mais importante da sua vida? Caixas e mais caixas de bombons, bilhetinhos presos no pára-brisa do carro...

Na minha cabeça, vem como que um furacão que, em vez de destruir casas, arrancar árvores, destrói neurônios, veias, entope artérias da alma e do corpo, apesar de o músculo continuar pulsando.

O que aconteceu com a gente? O que aconteceu com o nosso amor?

Sinto muito a sua falta! Andei ficando com outros homens, mas, quanto mais tento me envolver, mais me vem você à cabeça! Sinto falta do seu cheiro, da sua voz, de acordar ao seu lado. Sinto falta das suas brincadeiras, dos nossos apelidos de suculenta, de Tatá e de Bubu. Sinto falta de cada toque, de cada banho que tomamos juntos, de cada sessão de cinema, de cada viagem, de cada cumplicidade compartilhada. Sinto muito a sua falta! Muita, mesmo! E, neste exato momento, não sei bem o que fazer!

Será que podemos nos ver? Almoçarmos juntos, um dia destes?

Gina

De: Leonardo   < Leonardosilva@terra.com.br
Para: Gina Lima < Ginalollobrigida@uol.com.br
Enviada: segunda-feira, 15 de março de 2004 23:15
Assunto: Re: Contato

Gina, eu ainda penso muito em você. Você foi a mulher mais importante da minha vida. Eu amadureci com os seus toques, com as nossas discussões sadias que, infelizmente, foram poucas. Tornei-me um homem mais responsável, mais humano, mais gente.

Mas também tem o outro lado. Seria o lado negro. Digamos o lado *Darth Vader* da nossa relação. Os seus comentários arrasaram-me, jogaram-me na lona. Eu me senti um George Foreman, depois daquela luta, no Zaire, contra o Muhamed Ali. Cambaleante, seminocauteado.

Permiti que você me colocasse adjetivos, pelos quais jamais alguém havia me chamado, e agüentei tudo por causa da relação, tudo para ficar com você.

Dizer-me que sou fracassado como músico, como aluno e como professor foi apenas a ponta do iceberg. A ponta do iceberg que avariou o meu casco e me mandou a pique como ser humano.

Eu sinto muito a sua falta e penso muito em você, mas é melhor não nos vermos.

Várias vezes, eu precisei me controlar para não pegar o carro e baixar na sua casa, de madrugada, bêbado, morto de saudades. Várias vezes, eu peguei o telefone, controlando a ânsia e as lágrimas. Descontei a raiva e a mágoa latentes, socando um urso de pelúcia, que ganhei de aniversário, quando tinha oito anos.

Também sinto muito a sua falta, mas não dá mais! Não dá mais, e você sabe mais do que eu. Não temos mais como recuperar o respeito, a estima, o carinho que um teve pelo outro. Isso não se recupera. Mantivemos, por anos, um relacionamento cego, em que não enxergávamos as necessidades, um do outro; um relacionamento acostumado à dor e à falta de respeito. O que sobra, depois da falta de respeito? Eu mesmo te respondo: nada! Nada sobra, realmente, nada! Sobra, apenas, o fim, o rompimento, o vácuo...

Terminar um relacionamento, ainda gostando, é o que mais me entristece! Sabe ... Eu ainda a amo muito. Sinto falta de cada poro, de cada brincadeira, de cada risada sua. Quando estávamos bem, era a melhor coisa do mundo. Melhor do que qualquer comida ou manjar dos deuses. Melhor do que nadar, correr, do que jogar bola e, pasme, melhor até do que tocar guitarra! Você é uma mulher especial e sinto muita vergonha por tê-la traído, por não ter lhe dado o devido valor.

Se você conseguir pegar um pouco mais leve, certamente pode encontrar um cara legal.

Também fiquei com outras mulheres neste período de separação, mas foi por toque, por sexo e, simplesmente, para me sentir amado, desejado, querido por alguém, mesmo que fosse por uma noite, apenas. Nada muito especial.

Pessoas que vêm e que se vão, em nossa vida, mas que não deixam marcas. Nós, eu e você, temos várias marcas! Marcas de êxtase e de dor, de paixão e desrespeito, de loucura e de pouquíssima razão.

Neste momento, tenho certeza de que precisamos, mais do que tudo, de razão e distância! Somente se as oportunizarmos, poderemos ter paz. Precisamos ter paz! Você, para criar os seus filhos, e eu, para fazer as minhas coisas de que, um dia, em estado de fúria, se desfizeram.

Abraço.
Leonardo

De: Gina Lima < Ginalollobrigida@uol.com.br
Para: Leonardo < Leornardosilva@terra.com.br
Enviada: terça-feira, 16 de março de 2004   6:22
Assunto: Resposta

Leonardo

A culpa de o nosso relacionamento ter dado errado foi sua. Você me bateu e me chifrou. Chifrou duas vezes, que eu sei, mas duvido que não tenha tido mais casos.

Você vai ver. Vou lhe mostrar que consigo ficar com alguém. Vamos ver quem vai estar melhor, daqui a uns três anos. Duvido que alguma mulher o agüente. Eu pago para ver! Duvido, mesmo.

Eu fiz de tudo para a nossa relação dar certo, e você boicotou o tempo todo. Emprestei-lhe grana (bem sei que depois você me pagou!), ajudei-o com a bolsa na faculdade, coloquei-o dentro da minha casa a conviver com os meus filhos. E você pagou, mas como? Chifrando-me, traindo-me, ficando com outras mulheres. Vou lhe mostrar que consigo ficar com alguém e que este alguém vai me amar muito. Vai me amar como você nunca me amou.

Você foi uma miragem. Pensei que saciaria a minha sede e quando dei por mim estava bebendo areia.

Gina

De: Leonardo Silva < Leonardosilva@terra.com.br
Para: Gina Lima < Ginalollobrigida@uol.com.br
Enviada: terça-feira, 16 de março de 2004   23: 17
Assunto: Re: Resposta

Vai, sim! Você vai conseguir alguém...

Você sabe que, quanto mais filhos uma mulher tem e mais se aproxima dos quarenta e não se cuida, mais os caras se apaixonam. Se você disser para um cara numa mesa de bar ou na praia que tem cinco ou seis filhos adolescentes, ele vai ficar gamadão, na hora!

Esse negócio de mulher solteira, nova, sem traumas e sem filhos não atrai homem nenhum. Bom, mesmo, são mulheres com ex-maridos cheios de esperança de volta, para encher o saco nos finais de semana. Bom, mesmo, é viajar e levar sempre as crianças para apimentar a relação. Levar nos feriados, nas férias, no carnaval. Dá um tesão danado, na hora da transa, um enteado bater na porta do quarto dizendo que está com dor de barriga ou que quer dormir na cama, bem no meio do casal.

Como você não conseguiu o que queria, que era me ver, é lógico que parta para o ataque.

Tentei conversar numa boa, com você, mas está mais do que provado que não tem jeito. Não conseguimos. Duvido, também, que consigamos ser amigos, um dia. Deixemos como está, para ver como é que fica. E não fica ... não tem como ficar mais.

Amei-a muito, mas, agora, eu venho em primeiro lugar. Descobri isso, tão óbvio e humano, na terapia. Imagine só, fazer um ano de terapia para descobrir que se tem de estar bem, primeiramente, consigo mesmo, para depois estar bem com os outros.

Faça alguma coisa por você, mas, por favor, não invada o meu espaço. Não venha à minha casa, não baixe no meu trabalho, não me telefone, não me mande mais e-mails.

Seja feliz, mas sem ter a mim como estepe e capacho!

Você não precisa disso!

Leonardo

Falha de envio. Aviso do provedor: A mensagem enviada para Leonardosilva @terra.com.br quarta-feira, 17 de março às 6:15. Assunto: Briga!, não chegou ao seu destino e, por isso, está sendo devolvida ao emissor. Digite corretamente o e-mail ou verifique se o mesmo não mudou.

Atenciosamente

Provedor

De: Gina Lima < Ginalollobrigida@uol.com.br
Para: LeonardosAndrade@terra.com.br
Enviada: terça-feira, 29 de março de 2004   5:57
Assunto: Chance!

Leonardo, desculpe-me.

O Alexandre mandou-me um e-mail e, nos endereços encaminhados, vi o seu novo paradeiro, na rede.

Voltei a escrever, porque descobri uma coisa: estou grávida. É verdade! Já fiz a prova e a contraprova, e os dois deram positivos. Fui ao ginecologista, e ele constatou de três meses...

Será que poderíamos conversar? Estou me sentindo só, desamparada, sem ninguém.

Peço que me ajude, afinal o filho é nosso. Um beijo carinhoso

Gina

De: Leonardo Silva < LeonardosAndrade@terra.com.br
Para: Gina Lima < ginalollobrigida@uol.com.br
Enviada: quarta-feira, 30 de março de 2004 11:45
Assunto: Que loucura !

Gina, quando fui à sua casa, hoje, ao final da tarde, fiquei chocado. Imaginaria qualquer coisa, menos que você iria inventar uma gravidez para se reaproximar de mim. Você precisa de um tratamento, urgente. Que loucura forjar algo tão sério. E eu preocupado, insone, pirado.

Por favor, eu lhe peço. Vamos nos afastar. Dê um tempo. Você não me pediu um tempo? Então? Por favor, respeite-o. Não temos mais nada para conversar. Tudo já foi sentido, debatido, brigado, desrespeitado. Essa da gravidez, realmente, foi a gota d'agua. Foi o fim da picada. Foi o inacreditável dos inacreditáveis!

Se você não se afastar de mim, eu acabarei indo à policia. Eu sei que você duvida que eu faça uma coisa dessas, mas eu juro que farei. Deixe-me em paz! Eu estou namorando. Estou bem! Estou feliz, tranqüilo, em paz, e o melhor: equilibrado.

Perceba isso. A importância da tranqüilidade, da paz, para que possamos seguir as nossas vidas pessoal e profissional, da melhor forma possível.

Seja feliz!!!

Um abraço

Leonardo

De: Gina Lima < ginalollobrigida@uol.com.br
Para: leonardosandrade@terra.com.br
Enviada: quarta-feira, 31 de março de 2004 6:3
Assunto: Surpresa!

Então, você está namorando? Desculpe-me, vou deixá-lo em paz. Eu e minha impulsividade. Que tristeza. Não precisava ter me exposto tanto. Agora, é tarde.

Aproveito, então, para dizer que voce foi o homem mais importante da minha história amorosa. Nem na minha vida de casada eu tive tanto carinho e cumplicidade. Juntos, nas boas fases, nós éramos simplesmente demais!

Siga sua vida, então, que eu seguirei a minha. Quem sabe, algum dia, fiquemos juntos. Quem sabe, o destino não nos faça esbarrar nos botecos da vida, novamente solteiros, zerados, amadurecidos.

Abraço afetuoso

Gina

De: Leonardo Silva   < leonardosandrade@terra.com.br
Para: Gina Lima   < Ginalollobrigida@uol.com.br
Enviada: quinta-feira, 1 de abril de 2004 23:15
Assunto: Re: Surpresa !

Toda a felicidade, saúde e muita energia para tocar a sua vida. Você é uma mulher muito especial e garanto quer ficará bem, na fita. De vez em quando, vamos nos esbarrar por aí, pelos barzinhos da noite brasiliense. Quem sabe, quando toda essa poeira baixar, não consigamos ser amigos?

Cuide-se, também. Desejo-lhe toda a sorte do mundo!

Um beijo, igualmente, afetuoso!

Leonardo

Glicose e inspiração

Chegou atrasado, e o portão estava sendo fechado. Não sabe como, mas conseguiu. Levou mais cinco minutos para localizar a sala, sua carteira e sentar-se. Lá na frente, um fiscal abria um envelope e começava a distribuir as provas.

Descascou uma balinha e a enfiou na boca. Anis. Dizem que refresca e acalma. Achou melhor começar pela redação. Tema: A importância de Deus na sociedade contemporânea. Caneta e inspiração afiadas e mãos à obra, depois de um suspiro.

Se nós só podemos chegar até Deus, através do senhor Jesus, então, como ficam os povos que viveram antes dele, os homens primitivos que desconheciam a escrita e que, em seu nomadismo, lutavam pela posse do fogo, por comida e espaço no abrigo das cavernas? Como ficam os que realizaram a revolução agrícola, ergueram as primeiras vilas que se transformaram, com o tempo, em cidades e formaram civilizações?

Como ficam os egípcios, com seus mais de dois mil deuses zoomórficos? Com seus Anúbis, Ísis e escaravelhos rola-bosta? Como ficam os gregos da Antiguidade, com seus deuses antropomórficos, vingativos, irados, invejosos, violentos e ciumentos, criados à imagem e semelhança do homem? Os que cultuavam Zeus/Júpiter? Queimarão no inferno por não conhecerem a Bíblia, por não cultuarem o intermediário Jesus? E os budistas, muçulmanos e judeus, como chegarão até ao senhor e atingirão o nirvana se, em Cristo, não depositam a responsabilidade de nos religar com Deus?

E Jesus, quem foi?

O próprio Senhor disfarçado, para nos sondar, como um instrumento que mede boa conduta, defeitos e qualidades? Seria, ele mesmo, o filho do Senhor ou o próprio? Para mitigar nossa culpa, teria dito: "Sou o filho e não o pai e, somente por mim, chegarão até ele". Onipresença, onipotência, força.

Incomoda-me muito este poder delegado a Deus, pelo povo, em sua fraqueza, esperança e prostração. As casas deslizam morro abaixo, os carros batem de frente, os prédios desabam, as pessoas perdem os empregos, os aviões caem, segundo os tementes ignorantes, porque Deus assim o quis.

Certamente, pessoas também são admitidas, aviões alçam vôo, carros transportando passageiros chegam intactos aos seus destinos e muitos prédios e barracos continuam firmes em seus lugares, por obra divina.

Mas quem é Deus?

Fico até temeroso de estar cometendo algum sacrilégio fazendo tal pergunta, mas as imagens que tenho dele, gravadas em minha mente, foram mudando ao longo da minha vida. Do alto da montanha, com seu cajado, locomovia-se, sempre, em direção ao livro do destino, que folheava, após molhar a ponta dos dedos com sua saliva divina. Nesse livro, ia escrevendo quem nascia, quem abortava, quem se acidentava, quem padecia e quem morria. Essa imagem povoou minha infância. Hoje, aos dezoito anos, confesso que minha visão de Deus anda mudada. Hoje, eu realmente penso que Bill Gates é um Deus e o Windows é Cristo. Um cria, o outro executa.

Gates, além de ser o homem mais rico do mundo, também é o que mais donativos canaliza para fundações que auxiliam no combate à AIDS, na África, e ao câncer, na América. O homem é rico, mas bondoso. São bilhões de dólares a serviço de quem padece, de quem não se sustenta sozinho.

Deus começa a ser resgatado na atualidade. Os templos ficam lotados, as rezas se sucedem, de maneira esperançosa e constante. Nem toda evolução tecnológica conseguiu apagar a religiosidade.

Vivemos um começo de terceiro milênio, às voltas com a água que escasseia, com a violência urbana desenfreada e com doenças novas e antigas que não largam a humanidade: a SARS, a AIDS, o câncer, a cólera, o ebola, a dengue, a febre amarela...

Os poucos momentos de felicidade e os muitos de padecimento levam o homem a acreditar em Deus. Essa crença, pensa o homem, é que ameniza a existência. Mas quem a ameniza é Madre Teresa, trabalhando com os enfermos indianos; o Sociólogo Betinho, com a sua campanha contra a fome; Irmã Dulce e sua bondade baiana; Chico Xavier e seu trabalho de psicografia que religa vivos e desencarnados. Quem a ameniza é a invenção da penicilina que cura os enfermos; a radiografia que descobre doenças; a cesariana que salva mulheres e seus bebês; o telefone, o carro, o avião e os e-mails que diminuem distâncias.

Quem salva o homem é a sua crença em um mundo melhor, em Deus, em Cristo, em Buda, no profeta Maomé e, principalmente, na humanidade.

Realizou a prova de Português, com a certeza de que escrevera uma boa redação. Descascou um bombom para dar uma relaxada. Chocolate acalma e energiza. Feliz combinação. Glicose, no sangue, tranqüiliza. A inspiração veio lá de cima. Beijou o crucifixo dourado que trazia no peito.

No geral, foi bem. Nas exatas, quebrara o galho, nas humanas arrebentara.

Em dois dias, saiu o resultado. Não quis comprar o jornal. Preferiu sair e tomar um ar, ver o movimento de quem almejava um futuro. Vários alunos se acotovelavam frente à lista afixada em um dos corredores da universidade. Foi conferir na letra J e não achou seu nome, João Ricardo de Oliveira e Silva.

Não fora aprovado. O sonho do ingresso estava, temporariamente, adiado. Conversando com um colega de cursinho, que passara, criou um culpado: a redação. O colega lhe informara que a dissertação deveria ter, no mínimo, trinta linhas e, no máximo, trinta e cinco. Todas as redações que não cumpriram a regra não foram lidas e o candidato, automaticamente, desclassificado. Era o seu caso. Escrevera mais de cinqüenta, talvez até sessenta.

Deu-lhe uma tristeza ver os felizardos pintados com tinta óleo, as camisetas rasgadas pelos cúmplices, os cabelos raspados com violência, ilustrada pela passividade de quem permite, com felicidade, os beijos apaixonados dos namorados que ingressaram juntos.

Paciência. Descascou uma balinha de hortelã, jogou o papel em um cesto de lixo e saiu assobiando uma melodia que inventara na hora.

Diário de um roqueiro saudosista

Hoje, me deu vontade de escrever, sei lá por quê. Ontem, entrei em um sebo e, vejam só, encontrei o cedê Beatles For Sale, e acabei gastando grana. Este foi um dos primeiros discos que comprei com a mesada dada por minha mãe. Eu fazia a sexta série, na Escola Classe 102 Norte. Quadra de milico, e eu, lá, filho de civil, convivendo com filhos de tenentes, capitães, majores, coronéis e até generais.

Quase furei esse disco de vinil, de tanto ouvir. Ainda me recordo que o que eu queria, mesmo, era o disco que me ofertava Come together e Here comes the sun, o Abbey Road, mas eu não tinha dinheiro suficiente. O Beatles For Sale era mais barato, e acabei comprando-o. Mister Moonlight, No you don`t e Kansas City foram músicas que escutei à exaustão. Emocionei-me, enquanto pagava.

Pela noitinha, um colega me ligou e saímos para tomar uma cerveja. No bar, encontrei um amigo que não via há um certo tempo.

Perguntou-me se eu ainda estava tocando e eu falei que sim. Ele continuou dizendo que havia casado e que, por isso, vendera a guitarra, e eu perguntei o que é que uma coisa tinha a ver com a outra. Ele disse que a mulher o proibira de tocar. Era ela, ou a música, os ensaios, a guitarra.

Fiquei aturdido.

— Você parou de tocar porque sua esposa lhe deu um ultimato?

Ele balançou a cabeça, de forma derrotada, e disse que sim.

Juro que eu não conseguia perceber a relação entre o casamento e parar de se fazer uma coisa de que se gosta muito.

— Mas você não gosta de tocar? — perguntei. Ele balançou, afirmativamente, a cabeça, e eu fiquei imaginando que tipo de mulher faria uma coisa dessas. Lembrei-me de que isso era mais freqüente do que se imaginava: uma mulher proibindo o homem que aparentemente ama de fazer uma coisa de que ele muito gostava.

Outra coisa que me incomodou foi o tal de "Você ainda está tocando?" Quer pergunta mais cretina do que essa? Esse "ainda", tomei como uma ofensa inquisitorial: ainda, por quê? Eu o estou incomodando? Você quer pista livre?

Quando nos despedimos, ele me deu um aperto de mão tipo alicate, como se quisesse testar a minha masculinidade. Sorri e senti minha mão dolorida.

Ainda está tocando ... Ofensa, em estado puro.

Ensaiamos uma vez por semana.

Não ser famoso dá nisso. Os outros o encaram como o teimoso que já devia ter desistido, há muito tempo. Sujeitinho mais insistente, não se manca. Nem artista é. Artista é quem vive da arte, e muito bem: carrão importado, apê de trezentos metros quadrados, na praia, grana para viajar, famoso de tanta insistência no rádio, de tanta exposição na tevê. Partindo dessa visão, o mestre Vitalino, criador dos bonequinhos de barro, em Caruaru, com motivos regionais, não seria nada. Pintores paupérrimos como Van Gogh e poetas tuberculosos como Manuel Bandeira seriam muito pouco.

Quando comecei a tocar, as bandas eram a Led Zeppelin, a Black Sabbath, a Deep Purple. O engraçado é que ainda são. Algumas delas continuam na ativa. Deles, ninguém fala. Vivem da criação, e muito bem. O Keith Richard, mais velho que o Ramsés e o Tutancâmon e ninguém diz nem um "Poxa, cara, tu tá muito velho, feio, enrugado demais. Pára com isso. Deixa isso para os mais novos".

Claro. Os caras conseguiram. Gravaram, ficaram famosos. São as chamadas novas bandas eternas, concluí. Tudo bem que surgiu o The Cure, The Cult e The Smiths, nos anos oitenta, e o Nirvana, o Pearl Jam e o Alice in Chains, nos anos noventa, mas as sessentistas e as setentistas ainda estão na ativa. Outro dia, sacaneei um moleque fantasiado de roqueiro. Todo de preto, repleto de tachinhas afixadas na jaqueta de couro, cabelos longos e aquelas caras e bocas preconcebidas em casa, frente ao espelho. Estávamos em uma boate, e eu perguntei se ele conhecia o Lou Reed, o Neil Young e o próprio Mick Jagger, roqueiros que nunca tiveram que se fantasiar e eram mais rock do que quaisquer outros. Ele só conhecia o Mick. Mandei-o estudar, escutar mais coisas, pesquisar mais, descobrir, de verdade, a música que dizia amar.

Mandou eu me foder e fez aquele famoso gesto do dedo médio em riste, ladeado pelo anular e indicador encolhidos.

Mas o que me move, agora, neste momento, é a apresentação que iremos fazer. Sábado, dia quatorze, está chegando. Faltam somente duas semanas. Fico com a imagem da ultima vez que tocamos nesse bar. Saiu uma foto enorme da banda, no principal jornal da cidade, e o dono mandou distribuir mais de duas mil filipetas. A divulgação nos tornou conhecidos e, por uns, até queridos.

Cabiam sessenta pessoas sentadas e, na hora de receber o borderô, descobrimos que foram cinqüenta e cinco os pagantes. Apenas uma mesa ficara vazia. Para melhorar, foi um grande espetáculo. Mandamos muito, muitíssimo bem, com direito a dois "bis". Deus foi tão bom que conheci minha linda, meiga, inteligente e companheiríssima namorada, Gabriele. Ela foi falar comigo, depois, enquanto eu guardava o meu baixo no estojo, e, papo vai papo vem, peguei seu telefone, marcamos para sairmos e já estamos juntos há três meses.

Tocar é muito bom. Só quem toca sabe.

Não ser famoso tem lá os seus percalços. Você precisa provar o tempo todo que é bom. Quando oferece o seu cedê, as pessoas fazem aquela cara de "Será que presta?", como se estivessem respirando odor de cocô de nenê. A imensa maioria tratando-o como se estivesse lhe fazendo um favor.

Outro problema é a falta de lugar para ensaiar. Não ter estúdio nos obriga a alugar horas, nos espaços dos outros. Duas horas de ensaio chega a quarenta reais, divididos por quatro: guitarrista, baterista, vocalista e eu, o baixista. Dez paus para cada um.

Ter estúdio é um sonho. Vamos tocar, tirar mais umas músicas dos outros, mesclando com as nossas, para ganharmos mais grana e quem sabe ...

Corda também é um problema. Um jogo de cordas para contrabaixo elétrico não sai por menos de cem reais. É um escape, uma higiene mental que, às vezes, sai caro. Gasolina, cordas, criação e muita expectativa.

Peguei este bloco com papel de cartas. Papel mais fino, pauta de um só lado e, de repente, me dei conta de que não existe mais papel de carta. Não existem mais mandiopã, Bidu Uva, Bidu Cola, nem Crush, com toda aquela anilina alaranjada, cancerígena. Não tem mais Gibi com o Pafúncio, nem com Os sobrinhos do capitão, e o mais entristecedor: não se encontra, por aí, aquela caixa de chocolate em pó, com aquelas duas velhinhas raspando o caldeirão e com uma delas lambendo o dedo.

Mas o Aerosmith ainda está na ativa e a Rita Lee, também.

Deu-me vontade de escrever, porque fiquei entalado com aquela pergunta cretina já mencionada, anteriormente. Precisava aliviar e, como cheguei tarde em casa, não ia ligar nem para casa de amigo, nem para casa da Gabriele. Aliviei, ajudado por papel, uma escrivaninha e uma caneta esferográfica.

Não vivo de música, mas amo-a e tenho certeza de que a respeito, procurando criar uma sonoridade própria e bons temas, melódica e ritmicamente falando, recheados com letras bem escritas. Pena que as pessoas achem que somente o Renato Russo, o Raul Seixas e o Bob Dylan conseguiram tal intento.

Percebo que, daqui para frente, vou me repetir. Já ando escrevendo as mesmas coisas

Está aí uma frustração que admito ter. Já me disseram que sou um roqueiro inteligente como Frank Zappa foi, elegante como Brian Ferry é, energético como Angus Young. Mas a frustração é a de não viver de música. Amigos meus, grandes instrumentistas, vivem de música, mas sobem muito pouco ao palco. Tocam em casamentos, em batizados, em barzinhos, onde o repertório é o que os papeizinhos assinados pedem, insistentemente.

Mas arte é assim.

Grandes artistas desconhecidos, picaretas endeusados, ruindade providencialmente escondida, e o lixo escancarado e empurrado goela abaixo.

Gente boa que não aparece, gente ruim oportunizada, gente muito boa conhecida, apenas, pelos amigos e pela família.

Mas essa vida de dono de banca de revista é boa. Leio todos os jornais, tenho um bom vocabulário e toco meu instrumento uma vez por semana.

Tenho dois funcionários que trabalham para mim e horários flexíveis. Vez ou outra, até pego um cineminha, no final da tarde. Como um crepe com recheio de banana e chocolate e arremato com um suco de laranja.

Volta e meia, encontro alguém que me pergunta se ainda estou tocando. Respondo que sim. Paciente, explicando, detalhadamente.

Toco porque gosto, porque gosto de mim mesmo e me respeito. Eu me desrespeitaria se vendesse meu instrumento porque minha namorada não gosta que eu toque ou porque o clichê de quem toca rock é ser drogado, e as pessoas podem acabar falando.

Por isso escrevi essas linhas. Eu me aliviei. Matuto olhando para o teto. Nas paredes, pôsteres de Salvador Dali e seus ovos e relógios moles. Leio algumas páginas de um livro de contos de João Gilberto Noll. Desligo o abajur, em forma miniaturizada de uma Gibson Les Paul, e vou dormir.

Comprando cigarros na cidade sem esquinas

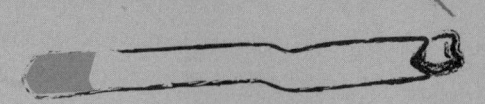

Quem não conhece aquela história "Saiu para comprar cigarros e nunca mais voltou"?

Na época, as marcas que fumava eram Minister ou Hollywood.

Falou para a mulher:

— Vou comprar cigarros e já volto.

Nunca mais voltou. Sumiu como o deputado Rubens Paiva, do MDB, como o estudante Honestino da UnB. Se alguém perguntar, ninguém sabia, ninguém viu nada.

Enquanto falava, o filho mais novo montava um quebra-cabeça do poderoso Thor, a mulher cortava o robalo em postas, na cozinha e o filho mais velho assistia ao National Kid, na tevê.

— Volta logo, meu bem, que daqui a uma hora eu sirvo o almoço.

Uma hora e meia, contada no relógio, era o tempo médio que ele levava para voltar. Comprava o cigarro, encontrava um conhecido, sentava-se à mesa e jogava conversa dentro e fora. Naquele dia, saiu, desceu pelo elevador e seguiu até ao comércio local. Toda superquadra que se preze tem um bom comércio local: açougue, farmácia, verduraria, loja de cosméticos, padaria, ótica, revelação de fotos e compra de filme. Encontra-se de tudo à disposição, nas quadras.

De Brasília, dizem que não tem esquinas. Não tinha, portanto, como ele ir e dobrar a esquina. Por aqui, se caminha em direção ao horizonte e se some. Some-se, no horizonte, qual um pontinho preto, um caruncho de feijão, um filhote de carrapato.

Pediu, no balcão, um maço de cigarros.

O ministério da saúde ainda não advertia, na tevê, que cigarro causava câncer de pulmão, impotência e que prejudicava fetos. Comprava-se na convicção do *glamour*, na esperança do charme, na calma da fumaça circulando no sangue.

Pagou, puxou a fita de plástico que circundava o maço, sacou um cigarro, bateu a ponta na palma da mão e acendeu-o com o isqueiro, com o símbolo do Flamengo estampado.

Na época, todo mundo torcia por time de fora. Tinha o time do Ceub, com o Fio Maravilha, em final de carreira, mas a torcida lotava o estádio e torcia pelo visitante. Deprimente.

O time da casa, jogando e sentindo-se visitante. Estádio lotado e o público torcendo pelo América de Natal, pelo Santa Cruz, pelo Ceará.

Antes de guardar o isqueiro, admirou-o por um momento.

Nascera em Monte Carmelo, Minas Gerais, Morava na Capital da República há mais de dez anos e torcia por um time do Rio de Janeiro.

Um conhecido convidou-o a sentar-se. Pediram uma loira gelada. Ele aceitou um copo, dois. Lembrou-se da esposa morena, lábios grossos, uma pinta preta em alto relevo, na nádega direita.

Encheram os copos e brindaram:

— Aos solteiros que não têm ninguém que os aporrinhe e que, melhor ainda, podem permanecer solteiros!

Outro:

— Aos solteiros que podem se soltar à vontade, na noite, sem o vínculo da satisfação a dar! Que podem dar festas, viajar, flertar com quem quiser.

— Aos que não precisam explicar marcas de batom no colarinho, meias rasgadas pela sofreguidão.

— Aos homens que flertam, que namoram, que dormem sozinhos, aos homens, puramente ... um brinde.

Brindaram com os copos parados e tocados na altura do rosto de cada um.

— Mas tem hora que a solidão dói, machuca — diz o colega que o convidou para sentar.

— Mas a brigaiada dói mais, meu caro amigo. Nada como a paz, a tranqüilidade e não ser desrespeitado por ninguém. Porque ganha pouco, porque não recebe aumento há muito tempo, porque esqueceu de comprar o leite e os pães, porque o cachorro vira-latas suja o chão...

O colega faz silêncio e não pode falar. Só fala o que pode.

— Não posso falar. Nunca fui casado.

— Amo os meninos. Mas, pela minha mulher, o sentimento transformou-se, é outro.

Bar nem cheio nem vazio. Um casal beliscando uma porção de frango à passarinho, o dono do boteco com um palito espetado entre os dentes. Dois homens jogando dominó. Um engraxate driblando as mesas com a caixinha de madeira às costas.

Bebericou a cerveja. Agradeceu. Levantou-se e caminhou em direção ao horizonte. O horizonte que nunca chega, que nunca acaba.

A mulher colocava, sobre a mesa, as postas de peixe que fumegavam dentro da travessa. Os descansa-pratos de madeira, dando um toque rústico, recebiam as travessas do arroz e da salada colorida por batatas, alface e beterraba. O menino irritado procurava a peça desaparecida que formaria o martelo do poderoso Thor, e, na televisão, um desenho japonês vidrava os olhos do outro filho.

Enquanto caminhava, lembrou-se de que em direção ao horizonte não haveria conta de dentista e de médico, livros escolares e cadernos a serem pagos. Não haveria pares de sapato e roupas a serem trocados de seis em seis meses. Não haveria mais parentes chatos, geralmente da esposa, avisando, em cima da hora, "Estamos indo praí", sem trazer um refrigerante que fosse.

Ele, órfão, sem irmãos, criado em orfanato ficava tudo mais fácil. Do seu lado, nenhuma satisfação a dar.

Sentiu-se um covarde. Mas os covardes também seguem em frente, na sua covardia. Também permanecem parados, inertes, mentirosos, unilaterais. Também matam gente desarmada a sangue frio. Também desviam verbas públicas. Também torturam animais e humanos. Também caminham decididos em direção ao horizonte e, o mais importante, sem olhar para trás.

Anos depois, amarga, solitária e doente, a mulher que servia as postas de peixe ainda amaldiçoa o regime militar. Tanta gente para prender e arrebentar e foram sumir logo com o seu marido. Confundido, na certa, com algum subversivo, enquanto comprava cigarros. Ela não consegue lembrar-se das brigas que tiveram, das suas ameaças de fuga.

— Casamento e filhos não me prendem! Se eu fosse você, pensaria duas vezes, antes de me tratar desse jeito!

Menina rica do interior de Goiás, ela sentiu o baque logo que se casou. Lugar acanhado para morar, mobília de segunda. Até a cama de molas, de terceira. Ele prometera mundos e fundos, e só vieram os fundos. Fundos da sua caderneta de poupança raspados para pagar contas. O fundo de uma calça que ela amava começando a aparecer.

Mas isso ela apagou da memória. Lembra-se apenas do sexo gostoso e de como ela gostava do jeito que ele a pegava, que a virava de lado, que a colocava de quatro. Lembra-se das primeiras vezes que ele pegou o cinto e acertou-a na bunda com o lado da fivela. Aquela marca que, parecia, ficaria para sempre, ela sentindo dor. Uma dor gostosa, semana inteira.

— Culpa dos milicos. Nele, era tudo tão certinho. O tamanho do pau exato, o cheiro de homem que não saía, mesmo quando usava perfume de marca, aquele jeito de me olhar com cara de tarado, uma tara que nunca cessava, nem diminuía. Culpa dos milicos. Fiquei sem ele e depois dele não quis ficar com mais ninguém. Os que arrumei me deprimiam e eu acabava sempre voltando para as lembranças, para os álbuns de fotografias. Saudades dele, para sempre, até que a morte me leve!

Olhava no espelho do armário do banheiro e pensava, remoía e chorava, todos os dias, contada uma semana do seu desaparecimento.

Ela não sabia, mas ele casara de novo. Conseguira, com um amigo do cartório, um novo nome, uma nova identidade e começara vida nova. A nova esposa também gostava das suas cintadas, mas ele usava um cinto novo. O anterior fora jogado no lixo, logo que a conheceu.

Esse era muito mais pesado, a fivela muito maior.

Nunca tiveram filhos. Ela fez ligamento das trompas de falópio, ele fez vasectomia. Sentiam-se felizes em não ter a obrigação de povoar o mundo. Felizes por pagarem todas as contas em dia. Em não gastarem além do orçamento e dos salários que recebiam.

E a mulher abandonada?

A ex-esposa, finalmente, conheceu alguém especial.

Andam de caso. Ela ri muito e ele lhe dá muito prazer na cama. Ela também lhe elogia o tamanho e o formato do sexo. Ele tem um humor fino, britânico, e ama o jeito que ela se escancara entre quatro paredes. Apaixonou-se por seus dotes culinários, principalmente, o arroz goiano com pequi. Discutem seriamente a possibilidade de juntarem as escovas. Ela maquina, pensa em jogar fora seus álbuns antigos de fotografias.

Mas isso pode demorar, e esse relato, fica para uma próxima vez!

Balada para Roger Waters

Para quem não sabe (e eu imagino que seja muita gente!) Roger Waters era vocalista do Pink Floyd. Ele ainda não morreu, sendo isso comum também na vida. Apenas saiu da banda para seguir carreira solo.

Algumas pessoas ficam pedantes quando sabem muito sobre as coisas.

É lógico que ninguém tem obrigação de saber quem é Roger Waters.

Eu sei, porque sempre curti muito rock. Devo ter bem uns dez vinis da banda e, depois que surgiram os cedês, fiz questão de comprar todos os discos no novo formato.

Sempre gostei das letras um tanto depressivas e bastante melancólicas, falando do pai perdido na guerra e de crianças formatadas pela escola. O famoso: "Mais um tijolo no muro". O fato é que estou com uma melodia, aqui na cabeça, que não me deixa.

Além da melodia que não me larga, tenho outro problema: nenhuma cédula na carteira. Sacar dinheiro em caixa eletrônico, me avisaram: "Final de semana, somente em shopping e, mesmo assim, com radar ligado!" Até um oficial militar padece de repetitivos avisos, dados pelos amigos. Como uma mãe para um filho.

Puxada fora a semana, com os treinos de tiro e defesa pessoal. Dar uma espairecida, pegando um filme, sempre aliviava.

E a cidade-cenário, Brasília, destaca-se, no Brasil, pelo alto índice de assaltos e seqüestros-relâmpagos. Proporcionalmente, mais que as duas maiores cidades do país, São Paulo e Rio de Janeiro.

Isso lá é dado para se orgulhar?

Corredores vazios, lojas assépticas e, por trás dos vidros, tabuletas que propagandeavam: "liquidação e cinqüenta por cento menos". Todas escritas em inglês. Entrei na agência. Quando passei o cartão na máquina, senti uma espetada fria nos rins. Surgiram não se sabe de onde.

— Quietinho. Pode sacar o limite. Isso... Todinho! Não grite nem faça nenhum movimento brusco, senão te apago aqui mesmo!

Rendido, estendi-lhe os quinhentos reais. Depois, foi me tangendo como gado, na direção do estacionamento. Perguntou-me onde estava o meu carro, e fomos em sua direção. Outro cara aproximou-se. Eu fui dirigindo, o da arma foi no banco da frente, e o outro, atrás. Passamos pelo segurança do shopping. Ele nos viu e percebeu que os dois sujeitos no meu carro não pertenciam, pela roupa que usavam e pela fisionomia maltratada, à mesma casta brasileira que eu. Pelo retrovisor, vi que usava o rádio e me pareceu repassar a placa do carro.

O do banco detrás se manifestou:

— Não tem som neste carro? Cadê o som dessa porra deste carro?

Abri o porta-luvas e tirei o toca-cedês. Encaixei-o no painel e coloquei um disco do Pink Floyd.

— Que merda de música é essa?

— Pink Floyd — respondi.

— Não tem sertaneja e música baiana, aí, não?

— Eu não escuto esse tipo de música!

— Não escuta esse tipo de música, por quê?

— Porque acho uma merda — disse, corajosamente.

Houve um silêncio de alguns segundos que me pareceram intermináveis, e os dois soltaram uma sonora gargalhada. Foi, então, que percebi que estavam muito nervosos.

— Porque acha uma merda! Essa é boa.

O do banco da frente continuou:

— E aquele disco que tem aquela música do helicóptero, você tem?

— Tenho, mas não aqui. Tá em casa.

— Em casa, é? E você mora onde?

— Moro na Asa Norte.

— Em que quadra? — o assentado no banco detrás, impaciente, empurrou minha cabeça para o lado.

— Quatrocentos e oito.

— E mora sozinho ou com o papai e mamãe?

— Moro sozinho.

— Boa. Mora sozinho. Então toca pra lá agora!

Comecei a tocar para lá.

Os carros me ultrapassavam, mas eu apenas sentia o deslocamento do ar ao lado da minha janela. Não conseguia vê-los. Um caminhão de bebidas tirou um "fino" e quase me arrancou o retrovisor.

— Ô cara, vê se dirige direito, senão tu acaba matando a gente — o do banco da frente, preocupado.

— É... Aqui os únicos que matam somos nós, tá ouvindo? Mais ninguém! — o detrás concluiu, com uma risada. O da frente ficou calado.

Passei pelo Campo da Esperança e me deu um arrepio. Meu pai estava enterrado ali, mas nunca me deu vontade de visitar seu túmulo. Ele estava na minha memória e no meu coração. Não tinha sentido ficar visitando lápide feita de ferro e cimento.

Impressionante como domingo é domingo, em qualquer lugar. As pessoas estavam nos clubes, nas cachoeiras, ou entocadas em casa, assistindo à tevê. Imagina um cara ficar domingo inteiro, em casa, assistindo ao Faustão e ao Gugu. Isso é pior que a mais cruel das torturas realizadas nos porões da ditadura. Felizmente, quem tem grana escapa dessa. Já o povão ...

— Que tu tá pensando cara?— cutucou-me os rins com a arma.

— Em nada. Na vida. Em como a vida é efêmera.

— Tu tem razão... A vida sem fêmea não dá — completou o sujeito do banco detrás.

— Não falei fêmea. Falei efêmera. Significa rápida, passageira, que não deixa nada, entende? Você não leva nada daqui! — completei.

Silêncio.

— Pô, cara, tô gostando. Tu é meio filósofo!

— É... Isso é coisa de filósofo, mesmo.

E, nesse exato momento, eu já não sabia quem estava falando o quê.

Mexeu no porta-luvas e achou a ponta do baseado. Acendeu com o meu isqueiro do Vasco. Deu uma bola. Passou para o elemento detrás. Pegou de volta e me estendeu.

— Dá uma bola aí, cara. Relaxa, que tu vai precisar!

Queimei as pontas dos dedos e a boca. Fim de baseado sempre me provoca isso.

Voltei a atenção para a rua e admirei a descida que leva até à rodoviária. E, pelo retrovisor, consegui distinguir a torre de televisão, espetando os céus. Parei no sinal. Um mendigo estava deitado na calçada. Uma moça vestindo uma roupa barata, em tons de verde e vermelho, atravessou a pista, no semáforo.

O sinal abriu, acelerei, soltando lentamente a embreagem. A Esplanada dos Ministérios e seus prédios em forma de dominós gigantes se aproximavam. Ladeei a Catedral, no formato de uma coroa de abacaxi. Sinalizei e dobrei à esquerda. Soltei a fumaça presa nos pulmões. Os vidros fechados transformavam o carro numa sauna tépida e esbranquiçada.

— Por que você veio por aqui?

— Queria passar pela Catedral

— Para que, garotão? Queria rezar para algum santo?

Esse sujeito do banco detrás é mesmo um chato, pensei. Aumentei um pouco o volume da música para ver se não os escutava mais. Nenhum dos dois reclamou, e o volume permaneceu o mesmo, até chegarmos ao estacionamento em frente ao meu bloco. Parei. Guardei o som e os cedês debaixo do banco. Travei as portas com o dispositivo do alarme, e nos dirigimos até à portaria. Clodoaldo, o porteiro, me olhou lá da guarita, e eu acenei. O que estava armado me cutucou os rins.

— Que que tu tá abanando pra esse cara? Tá ficando maluco? Quer morrer? Quer que eu te mate e mate esse teu amigo porteiro?

Abri a porta, depois de escolher a chave no molho.

Entramos, rapidamente, e tomamos as escadas que conduziam ao quarto andar.

— Que merda de prédio! Nem elevador essa porqueira tem. Subir de escada. Logo se vê que não vamos poder levar coisa muito grande e pesada!

Mais um vão de escada e chegamos à frente do quatrocentos e dois. Enfiei a chave, rodei duas vezes, girei o trinco, e a porta se abriu. Entrei e, logo atrás de mim, vieram os dois sujeitos.

— Que apezinho mais ajeitado. Sofazinho bacana, poltronas de qualidade, mesa de vidro e ... quanto cedê!

O sujeito que estava armado correu e deitou-se no sofá, com os tênis sujos de terra. Engoli em seco. Se fossem os meus sobrinhos, já teria brigado.

— Gostei desse sofazinho. Branquinho, fofo.

Ficou de pé e começou a pular como se estivesse em uma cama elástica, de circo.

O outro entrou na cozinha, ouvi o barulho da geladeira se abrindo. Voltou tomando um suco de caixinha, com a boca enfiada no buraco que eu havia feito com a tesoura. Era o meu preferido: manga.

— Você não poderia usar o copo? Lá mesmo, na cozinha, tem uma bandeja cheia de copos, inclusive os de requeijão, que você bem deve estar acostumado.

— Tu tá falando, por um acaso, que eu não sou chique? O que tem a ver esse comentário sobre o copo de requeijão?

— Nada. Existem outros copos, também. De requeijão, copos verdes temperados. É só escolher.

— Rapaz, tu é um sujeito muito abusado. Muito abusado, mesmo. Sabia que nós, além de roubarmos, ainda fazemos maldade com a as pessoas que roubamos? Pois é... Não interessa se é homem ou mulher. Já ouviu falar da dupla dinâmica da maldade? Já falaram muito da gente, nas páginas policiais. Batman ruim e Robin perverso. Já ouviu falar?

— Já li alguma coisa, no jornal.

— Alguma coisa, não. Muita coisa. Eles falam muita coisa da gente. A polícia tá atrás da gente há bem uns três meses, sem pista alguma. E tu sabe como a gente atua? Já leu alguma coisa sobre?

— Já. Vocês roubam e depois estupram as suas vítimas, sejam elas, homens, mulheres, crianças, novos, velhos. Todos eles foram encontrados, dias depois, amordaçados, não é isso?

Ele deu um sorriso, satisfeito pela fama.

— Isso mesmo, garotão. Isso mesmo. Somos a dupla dinâmica da maldade. Batman ruim e Robin perverso. Daqui a pouco você vai provar do nosso cinto de utilidades, do nosso batbumerangue, do nosso bingolin prodígio.

Voltou para a cozinha e escutei barulho de pratos. Pegou, pelo que ouvi, um pedaço de pizza na geladeira. Mexeu nas panelas, debaixo da pia. Abriu o micro-ondas.

— Não se esquenta nada que contenha ferro ou aço no micro-ondas. Assim, você vai provocar uma explosão e irá chamar a atenção dos vizinhos — falei alto.

— Então, vem aqui, garotão, e me ajuda.

Entrei na cozinha. Tal como imaginei, era mesmo o pedaço de pizza. Guardei a panela no lugar. Abri o armário suspenso, de fórmica, peguei um prato apropriado. Coloquei a pizza no micro-ondas, fechei a porta e apertei dois minutos. Quando me retirava para a sala, fui agarrado pela cintura.

— Garotão-garotão-garotão... Vem aqui, garotão!

Dei um safanão no cara e voltei para a sala.

— Olhem, se vocês quiserem levar as minhas coisas que levem, mas me deixem em paz!

O repelido veio atrás de mim.

— Tibúrcio, esse garotão é mesmo muito abusado. O que você acha da gente tirar a roupinha dele e dar um trato legal, agora?

Eu dei uma sonora risada.

— Que tu tá rindo, ô almofadinha?

— Melhor ser garotão do que Tibúrcio!

O Tibúrcio não gostou, deu um salto do sofá e veio na minha direção. Aproximou-se e socou-me o estômago. Cai no chão e, por alguns minutos, perdi os sentidos. Dias, semanas, anos pareciam ter se passado. Perdi a noção de tempo e, por instantes, da vida. Eu estava no fim do túnel e caminhava na direção da luz, trôpego, com muita dificuldade.

Quando voltei, escutei um barulho vindo do meu quarto. Gavetas estavam sendo abertas e escutei um deles falando para pegar mais uma mala. Levantei-me, apoiando-me na mesinha do telefone e, inacreditavelmente, aconteceu algo que eu imaginava ocorrer apenas nos filmes, nos romances policiais. A arma estava, exatamente, ao lado da agenda. Peguei-a, firmemente. Admirei-a por instantes, como um escravo que olha para a carta de alforria que comprou, como um pobre que admira seu bilhete premiado de loteria.

Decidido, me encaminhei em direção ao quarto.

Da porta, consegui focar a rapina das minhas gavetas. Paletós, gravatas, calças e jeans, roupas sociais, cuecas, sapatos, tênis, chinelos. Tudo. As duas malas mal fechavam.

— Parem e saiam da minha casa, agora, ou eu atiro!

Os dois viraram-se, espantados pela minha reação.

— Que é isso, garotão? Devolve isso aí pra gente e nada vai te acontecer. Tibúrcio, seu idiota, você foi deixar a arma na sala pra ele pegar. Seu idiota...

— Calem a boca, saiam da minha casa e coloquem o dinheiro do roubo em cima da mesa da sala.

Daí para frente, tudo transcorreu muito rápido. Tibúrcio correu na minha direção e, antes que ele me alcançasse, atingi a sua testa, bem entre os olhos. Com o impacto, ele voou uns dois metros para trás e ficou estatelado no chão, entre a cama e a janela.

Atônito, e preocupado com a primeira morte que cometia em minha vida, não percebi que o que me chamava, insistentemente, de garotão sacava uma faca da cintura. Habilidosa e rapidamente, atirou na minha direção. Atingiu meu ombro em cheio. Parecia cena de filme na linha, O último dos moicanos.

Dei um grito de dor e descarreguei o tambor a esmo, liberando as cinco balas que ainda restavam. Três atingiram o meu armário, uma, a minha mala e outra, bem em cheio no seu coração. Com o impacto foi arremessado na direção da janela. Tropeçou no comparsa caído, perdeu o equilíbrio e ficou como uma paina que pende para frente e para trás, e caiu.

Imaginei-me em cenas cinematográficas de películas de ação, como um Bruce Willis bombado por injeções de hormônios de cavalo, um Tom Cruise belo por plásticas de estética. Sucesso total de público. Foi a primeira vez na vida que, simultaneamente, dor e prazer tomaram conta de mim. Na crise de apendicite, a sensação fora outra.

A faca grudada na minha carne me fez deitar no chão.

Escutei, antes de desmaiar, a porta sendo arrombada e vi quando o porteiro Clodoaldo entrou no quarto. Pude ouvir, também, os telefonemas nervosos dados para os bombeiros, para a rádio-patrulha e para a ambulância.

Enquanto a cavalaria não chegava, curti meu ritual de passagem, ali, solitário. Recordei os acordes do disco The Final Cut. Roger Waters na minha cabeça, e eu deitado, inerte, dolorido, ensangüentado, no meio das minhas roupas e de um bandido morto.

Esperava que esse corte, sendo o primeiro da minha vida, não fosse, também, o do meu final.

Senti-me um Coringa vitorioso, um Charada exuberante, um Pingüim triunfal em seu habitat.

Conseguira acabar, sozinho, com Batman ruim e Robin perverso.

Amor transgênico

Meu coração está disposto em uma balança.

Ele é pesado de modo estranho, desleixado, solto. Imagino que a balança esteja adulterada e que poucos paguem pelo peso que ele, realmente, vale.

Penso nela, minha esposa, e nos meus sentimentos. O amor que ela sente por mim é transgênico. Amor mudado, geneticamente. No começo, aquela paixão toda, mas os genes foram se modificando com o toque, com o carinho, com a cumplicidade.

Paixão transformada em amor.

O amor é calmo, tranqüilo demais e me dá sono. Sinto fastio por amá-la tanto.

É um amor bom, sadio, doce, mas um amor que me dá fastio.

Ela me serve, ainda hoje, o café na cama, mesmo sendo mulher independente. Mulher independente de seu tempo, com direito a bom salário, a ocupar um cargo importante em empresa multinacional, a pagar todas suas contas e, ainda, me ajudar no fim do mês.

Ter filho, eu não sei se ajuda. Esperar as crianças ficarem grandes para se separar seria pior.

Tiago, na quarta série, já anda interessado em namoro e beija as garotas na boca, na hora do intervalo. Fui chamado à escola, duas vezes. Proibido pelos padres. O engraçado é que um deles, já transferido, apareceu na tevê, acusado de pedofilia. Beijo não pode, mas abuso...

Meu coração está na balança, e nem sei se as artérias ainda bombeiam sangue com a mesma intensidade. Na família, temos casos de tios e primos com safenas de mamárias.

Meu coração me preocupa. Semana que vem, farei o teste de esteira e um ecocardiograma.

Filho, tenho outro. O nome é Lucas e fui eu que escolhi. Sempre gostei de nomes bíblicos. Graças à cova dos leões, quase foi Daniel, mas desisti.

Fui ao circo, lá em Jaboatão dos Guararapes, onde passava as férias, e vi aquele leão faminto devorando aquela criança. A cabecinha dela sendo arrancada, o animal prendendo entre as patas o resto da carcaça. Espetáculo horrível, chocante, traumatizante. Fiquei com os gritos desesperados do pai ecoando na minha cabeça, durante um mês.

Na praia, até a água de côco me fazia mal.

O coentro, então... As peixadas desciam direto, em forma de diarréia. Nada parava. Tudo isso por culpa da cena. Do leão agindo, naturalmente, com fome. Da polícia militar pernambucana abatendo, um por um, os animais, como se eles tivessem culpa da sua fome.

Até hoje, me pergunto por que não abateram os donos do circo que não os alimentaram.

Olho-me no espelho, enquanto deslizo a lâmina pelo rosto. Torneira aberta, água corrente, a barba raspada se esvaindo pelo ralo, junto com a espuma branca. Lavo o rosto, abro o vidro de loção e aplico com as palmas molhadas. Ardência, um pouco de sangue, aqui e acolá. Loção após-barba momentaneamente misturada a um rosto liso, ao sangue, ao sorriso sem graça que me permito no espelho.

Não sou um homem feio; bonito, também não sou.

Mas as mulheres dizem que nos preferem responsáveis, carinhosos, bons de cama e charmosos à beleza. Mas a beleza ajuda. Um homem, primeiro, olha uma mulher, não a sua responsabilidade. Mesmo Raimunda, a feia de cara, mas boa de bunda, nós olhamos. A verdade é que nós, homens, somos muito pouco seletivos. Darwin teria problemas se tentasse aplicar a Teoria da Seleção Natural, especificamente, ao modo de agir masculino.

Resolvo, após fazer a barba e a aplicação da loção, tomar um banho.

Entro sob o chuveiro. Adoro água. Chuveiro aberto, temperatura da água morna, meu sexo balançando de um lado para o outro, enquanto canto, junto com o rádio, uma música da moda. Música da moda. Música descartável. Daqui a alguns anos, ninguém se lembrará mais.

Não se fazem mais Beethovens e Beatles...

Let it Be, Something e Come Together são para sempre. Já a dança da garrafinha, teleco teco da bundinha e egüinha pocotó... no outro verão, ninguém lembra mais. Coisa velha nem a naftalina mantém, descartável, mesmo.

Uma esponja áspera, mas necessária, untada com sabonete de glicerina, esfrega, com movimentos suaves e precisos, as minhas costas. Organizo esses movimentos. Ordens dadas por meu cérebro. Cérebro preciso, milagre da natureza que materializa sonhos e raciocínios, inventa armas e medicina.

Escuto a porta se abrindo. Chamam meu nome. É ela. Pergunta-me se pode tomar banho comigo, eu digo que sim. Pergunta-me se está tudo bem, eu respondo que sim. As crianças, na casa dos avós maternos. Fazia um bom tempo que não ficávamos em casa, somente nós dois.

Ela achou a música horrível e mudou a sintonia para uma rádio que tocava chorinho. Nua, entrou no box e me abraçou. Sua boca procurou a minha e nem deu tempo de eu falar que ainda não havia escovado os dentes.

Foi uma manhã muito boa, como há tempos não tínhamos.

Apesar da paixão ter virado amor, foi bom. Um bom de resgate, de tempo de namoro. Beijos demorados, sexo no tapete felpudo, seis fitas de vídeo assistidas de sábado para domingo e muita pipoca e guaraná.

Fiquei pensando em como esses ecologistas são chatos, ao criticarem, de forma tão veemente e radical, os produtos transgênicos.

Gerações

Deitados na cama. Ela com a perna em cima da barriga dele. Ele, quarenta e cinco anos, ela, vinte. Os lençóis ainda úmidos da refrega noturna.

Quem começa o papo matinal é ele:

— Quando eu era pequeno e assistia aos programas do Chacrinha e do Flávio Cavalcante...

— De quem?

— Do chacrinha e do Flávio Cavalcante. Do Flávio que pedia "Os comerciais, por favor", e do Chacrinha que buzinava os calouros ruins, distribuía bacalhau e sugeria que eles se casassem com a Araci de Almeida ou com a Elke Maravilha.

— Araci? Elke, o quê?

— Quando você era pequena, assistia a quais programas, a que seriados, na tevê?

Ela pára e pensa. Coça embaixo dos braços, que depilara na véspera.

— Armação ilimitada.

— Armação Ilimitada? Aquele, do Juba e Lula?

— Esse mesmo. Com o Kadu Moliterno e o André Di Biasi.

Ele dá um suspiro e se ajeita no lençol cobrindo a bunda.

— Você já comeu maria-mole, já chupou pirulito Zorro, já assistiu a filme pornô com o David Cardoso, já comeu paçoca?

— Não, nunca!

— Então fica difícil...

— Difícil, o quê?

Ele respira fundo e, em tom de enfado:

— Você não conhece nada do que foi a minha história!

— Você fala isso, em relação à programação de televisão? Ela abre a boca, em incredulidade.

Ele continua:

— O contexto da programação televisiva acaba representando a nossa diferença. Coisas que eu vivi, você não tem nem idéia do que foi.

Ela dá um sorrisinho nervoso.

— Conhecer o Chacrinha e o Flávio Cavalcante é uma coisa tão importante, assim, para você?

— Mais ou menos.

— O que quer dizer mais ou menos?

— Quer dizer que faz parte do meu conhecimento televisivo. Só isso!

Puxa uma parte do lençol para ela.

— E o caráter, a lealdade, o tesão e o companheirismo ficam aonde, nessa?

Ele emudece. Disfarça, contando quantos cedês estão dispostos na estante, ao lado da cama.

Ela insiste, sem paciência:

— E a pergunta que lhe fiz, quem responde?

— Eu respondo!

— Então, responda, diz ela, aumentando o tom e a rispidez da voz.

Ele tira a perna dela de cima da sua barriga, e ela sabe que a sua esportividade está chegando ao fim.

— É que sempre fui viciado em televisão. Quando era pequeno, e a minha mãe comprou a nossa primeira colorida, ficava sábados e domingos inteiros assistindo à programação. Desenhos da Hanna Barbera, como Tartaruga Touché e Xerife Ricochete; seriados como Os Waltons com o seu famoso "Boa noite, Mary Hellen — Boa noite, Jim Bob", aos sábados à tarde, e outros noturnos, como Arquivo confidencial, às terças-feiras, com o James Garner.

Ela dá um sorrisinho maroto.

— Para mim, você está falando grego. Nunca ouvi falar de nada disso.

Ele coça a barriga. Encaracola os brancos cabelos do peito. Pensa em acender um cigarro, mas desiste. Funga, respira mais forte, enfia um dedo dentro da orelha esquerda e roda devagar como uma furadeira humana, composta de pele, unha aparada e dedo em riste. Vira de lado e admira a beleza dela. Mulher bonita, boca carnuda e muito vermelha mesmo sem batom. Cheirosa, exalando alfazema. Morena, magrinha, bem torneada e com coxas firmes, no formato esguio das gazelas.

O que uma garota dessas iria querer com um sujeito bem mais velho e já em decadência física, como ele? Um cara sem grana e, praticamente, de outra geração. Careta. Que não cheira, não se pica, não tem essas ereções instantâneas. Seria, isso, vantagem, em relação aos mais novos?

Ela já havia lhe falado que gostava muito da sua companhia, da sua falta de avidez, antes do sexo. Que não agüentava homens afoitos, desses que vão logo enfiando a mão e tirando as calcinhas, abrindo as pernas e metendo. Que adorava saber das coisas. Das coisas da época que ela não viveu, que não era nem nascida. Da época da discoteca, das meias soquetes, para as meninas, e dos sapatos de bico fino, para os meninos. Das calças cocotas e das camisas floridas. Das músicas lentas, nos bailinhos, coisa que ela nunca desfrutou.

Em raves, ninguém dança música lenta. Insistem naquele bate-estaca eletrônico, as pessoas pilhadas com Ecstasy, doidas demais para raciocinar.

Com ele, ela dizia que se sentia segura. Segura como uma tora de aroeira que suporta o peso das telhas de uma casa. Segura como em um porto que, com seu farol iluminado, guia o navio em meio à tempestade. Todos os seus depoimentos ficaram solidificados na sua memória.

Ela se confessava como se ele fosse o seu padre pecaminoso. Membro religioso, do qual usufruía física e mentalmente, sem remorso. Com ele, o celibato não existia e ela amava isto.

— Adoro quando você me lambe toda. Adoro os tapinhas que você me dá na bunda. Nem fortes nem fracos demais. E do que você gosta em mim? — ela não cansava de perguntar e ouvir.

— Do que eu gosto? Bem ... Eu gosto da tua voz, do teu jeito, do teu frescor, do teu cheiro, da tua vivacidade, da tua virgindade em um monte de coisas, do teu beijo, do teu toque, da tua reação ao meu toque, de saber que você adora assistir aos filmes recém-lançados, saber das novidades jornalísticas, e principalmente, em saber que eu fui premiado por você me amar!

Ela ri. Ri muito. Ri tanto que precisa correr para o banheiro.

Adora elogios. Quando é paquerada pelos homens da sua idade ou um pouquinho mais velhos, primeiro, escuta atentamente o elogio para, depois, arrematar:

— Sinto muito. Eu já tenho namorado!

E parece sentir, de verdade.

Ela se senta na cama, na posição de lótus. A seguir, se estica e, na mesinha de cabeceira, pega o controle remoto. Aperta um botão. A imagem não demora a aparecer. Um filme enlatado, desses bem idiotas. Um ator canastrão, uma loira peituda que trabalha muito mal, duas crianças com cara de fotografia retocada em estúdio.

Pensando bem, não tem problema se ela não conheceu o Flávio Cavalcante. O cara já morreu, e é ruim falar dos ausentes e, bem pior, ainda, dos mortos. Mas o sujeito, tirando e botando aqueles óculos ininterruptamente, era realmente de doer. Pior: trabalhava de terno e gravata em estúdio, com aqueles refletores dos anos setenta ...

E o Chacrinha? Esse já era mais interessante, folclórico, uma entidade nordestina firmada no Rio, com aquela buzina, emitindo sons agudos nos ouvidos dos calouros que desafinavam; com aquela cartola prateada e aquela roupa espalhafatosa, apertando os narizes dos calouros, humilhando e se desfazendo, de forma politicamente incorreta, dos seres humanos que se expunham no seu palco. Palco, não! Picadeiro seria a palavra correta.

Ficou em silêncio por alguns minutos, e ela o acompanha. Olham as imagens de propagandas de automóveis explorando mulheres seminuas e de sabonetes colhendo depoimentos pagos de atrizes famosas.

Pede que desligue a televisão, e ela atende.

Vem com aquela mãozinha delicada e aquelas pernas de gazela se aninhando nele. Dá um gemido e um suspiro baixinho. Não há seriado americano, enlatado do Tio Sam, programa de auditório brasileiro, novela das oito que pague aquele momento.

É o real. Toque de pele, percepção de bocas, quente umidade. E mandam ver. Ela, com as pernas abertas, e ele animado e vigoroso, arremetendo no meio. Movimentos de ida e de vinda. Sorrisos de êxtase e cumplicidade. No final, suados e saciados, descobrem o controle remoto, quebrado, sob os seus corpos, e interpretam como um sinal. Um sinal de que deveriam trepar mais e assistir a menos tevê.

Ela o abraça e confirma o que ele já desconfiava:

— Do chacrinha, eu me lembro. Estava só te enchendo o saco. A Rita Cadilac, que aparece no filme Carandiru, celebrizou-se no programa dele, não foi?

— Exatamente — confirma aliviado.

— Tinha um sujeito fantasiado de mosquito da dengue que ficava de um lado para o outro...

— Isso.

— Mas me recordo, vagamente. Nada é muito nítido.

Sorri satisfeito. Internamente, está feliz. Mais uma via de comunicação fora instalada entre eles. A distância entre a história dele e a dela diminui, por um breve instante.

— Agora, desse tal de Flávio Cavalcante eu não me recordo, mesmo!

Beija-a, suavemente, no rosto, dizendo-lhe que isso realmente não tem a menor importância.

LGE EDITORA
SIA Trecho 3 Lote nº 1760
Fone: (61) 3362-0008 / Fax: (61) 3233-3771
lgeeditora.com.br
lgeeditora@lgeeditora.com.br